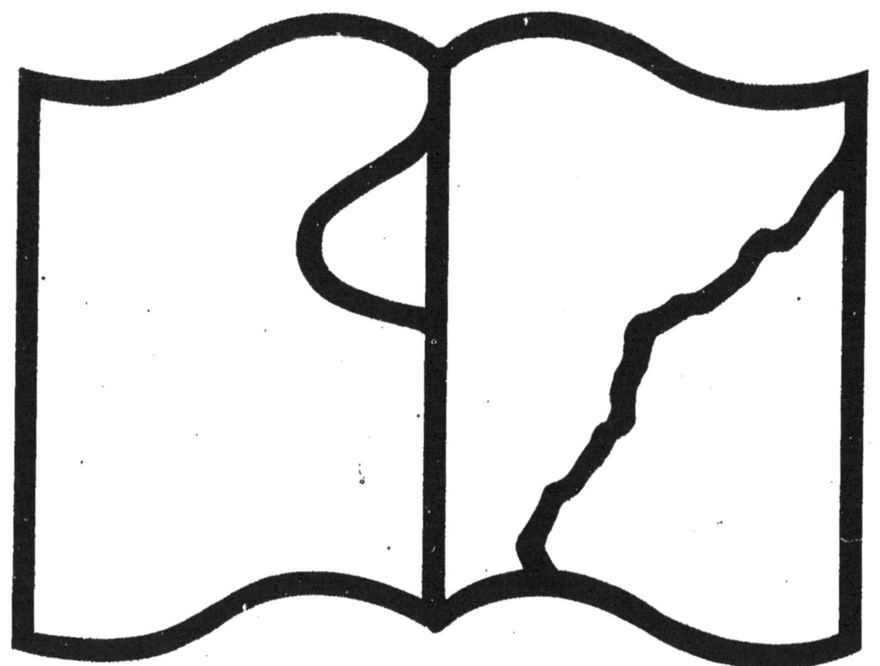

Texte détérioré — reliure défectueuse

NF Z 43-120-11

Symbole applicable
pour tout,ou partie
i . il ..

ROBERT L'APPRENTI

OU

L'HISTOIRE INTERROMPUE

PETITE CIVILITÉ EN ACTION

OUVRAGES DU MÊME AUTEUR :

Petit cours de leçons morales et pratiques, à l'usage des jeunes enfants dans les salles d'asile et les écoles communales, 1 vol. in-18, cart. » **70**

Entretiens familiers d'une Institutrice avec ses élèves ou *Petit Manuel d'éducation pratique pour les jeunes filles*, spécialement destiné aux écoles primaires. — *Livre de lecture courante.* 3e édition revue, corrigée et augmentée, 1 vol. in-12, broché........................ **1 50**

Ouvrage adopté par toutes les Bibliothèques scolaires de France.

Résumé d'éducation pratique, par demandes et par réponses, extrait des *Entretiens familiers d'une Institutrice avec ses élèves*, 1 vol. in-12, cartonné.......................... » **60**

Ouvrage adopté par toutes les Bibliothèques scolaires de France.

ROBERT

L'APPRENTI

OU L'HISTOIRE INTERROMPUE

PETITE CIVILITÉ EN ACTION

A L'USAGE DES ÉCOLES PRIMAIRES

PAR

Mme Paul CAILLARD

Déléguée générale pour l'inspection des Écoles primaires.

TROISIÈME ÉDITION

PARIS

LIBRAIRIE CH. DELAGRAVE

15, RUE SOUFFLOT, 15

1887

AVERTISSEMENT.

Les ouvrages qui traitent des règles de la civilité n'offrent, il faut en convenir, que bien peu d'attrait aux enfants ; ne serait-il pas possible de remédier à cette sécheresse, en rattachant à un récit de quelque intérêt, et entremêlé de dialogues, les principales règles de la politesse ?

Tel est le but que nous avons essayé d'atteindre dans le modeste ouvrage que nous faisons paraître aujourd'hui, et qui est destiné, comme notre petit cours de Leçons morales, principalement aux écoles primaires.

Quatre personnes prennent part aux dialogues :

Mme Duval, excellente mère de famille, et ses trois enfants, dont elle dirige ellemême l'éducation, avec autant de sollicitude que de bon sens.

Gaston, son fils aîné, âgé de 12 ans, et d'un caractère assez sérieux; — Louise, sa fille, âgée de 10 ans, intelligente et déjà assez raisonnable; — Gustave, âgé de 8 ans, étourdi, mais bon petit garçon, toujours prêt à avouer ses fautes.

SOMMAIRE DES CHAPITRES.

HISTOIRE

DE

ROBERT L'APPRENTI

RACONTÉE

Par Mme DUVAL à ses Enfants.

---

§ Ier.

Les Orphelins.

1. — Dans l'un des quartiers les plus populeux de Paris vivait, il y a quelques années, une famille d'ouvriers composée du père, de la mère et de deux enfants, Robert et Marguerite.

2.—Ces deux enfants étaient devenus orphelins dans des circonstances bien déplorables.

3. — La conduite de leur père, excellent ouvrier, avait été exemplaire jusqu'au jour où il avait eu le malheur d'écouter les perfides conseils de quelques-uns de ses camarades paresseux et méchants.

4. — Egaré par de pernicieuses doctrines, ce brave homme s'était laissé entraîner à se révolter contre le gouvernement de son pays.

5. — Faute très-grave, chers enfants, car Dieu seul est le maître de retirer, lorsqu'il le juge à propos, le pouvoir à ceux quil'exercent.

6. — Victime par sa faute, ce malheureux pèreavait été tué dans une émeute, laissant sa pauvre femme veuve avec deux enfants.

7. — La bonne mère, accablée par le chagrin, était tombée malade, et bientôt n'avait pas tardé à succomber aussi, laissant ses enfants à la grâce de Dieu.

8. — Un bon prêtre, qui l'avait assistée à ses derniers moments, fut touché du sort de ces orphelins et les emmena chez lui ; la mort de leurs parents les ayant laissés sans la moindre ressource.

9. — Robert et Marguerite pleurèrent beaucoup quand ils ne virent plus leur excellente

mère et ils demandèrent au bon curé où elle était allée.

10. — Au ciel, mes chers petits, répondit le charitable prêtre, et, si vous êtes de bons enfants, vous irez la retrouver un jour près de Dieu.

11. — Robert essayait de consoler sa petite sœur qu'il aimait beaucoup, mais, hélas! ces pauvres orphelins ne devaient pas rester longtemps ensemble.

12. — Le bon curé, qui n'avait pas les moyens de les garder chez lui, fut obligé de les placer ailleurs.

13. — Il fit entrer Marguerite dans un orphelinat tenu par des religieuses, et quant à Robert, qui avait dix ans, il le plaça comme apprenti chez un honnête menuisier de village.

14. — Cette séparation causa un bien grand chagrin aux pauvres enfants, et Robert promit à sa petite sœur de demander la permission d'aller la voir.

15. — Mme Duval en était là de l'histoire de Robert, quand elle fut obligée de s'interrompre.

16. — Tiens-toi donc mieux dit-elle à Gustave; si tu savais à qui tu ressembles avec ton dos voûté et la tête appuyée sur tes mains, certes tu te redresserais bien vite.

17. — Et toi, cher Gaston, au lieu de donner le bon exemple à ton frère, tu as encore une plus mauvaise tenue que lui.

18. — Louise seule se tient assez bien; aussi son corps droit, sa tête relevée donnent à sa petite personne un air intelligent qui fait plaisir à voir.

19. — Rappelez-vous, mes enfants, que notre véritable patrie est le ciel et que nous devons toujours relever noblement le front avec cette divine espérance.

20. — Gardez-vous donc d'avoir la même attitude que les animaux qui marchent toujours la tête baissée vers la terre leur seule demeure.

21. — Les enfants ne doivent pas oublier

non plus qu'une bonne tenue est une preuve de respect en présence de leurs parents et de leurs maîtres.

22. — Voudriez-vous donc par votre étourderie et votre négligence vous faire juger plus ignorants que vous ne l'êtes.

23. — Non, chère maman, répondirent les deux petits garçons, et ils promirent d'avoir désormais une meilleure tenue pour ne point ressembler à des enfants mal élevés.

24. — Et l'histoire de Robert, dit la gentille Louise, est-elle donc déjà finie ?

25. — Oh ! non, ma fille, puisqu'elle est à peine commencée ; je regrette que tes frères m'aient forcée à m'interrompre par leur mauvaise tenue car maintenant il est trop tard pour continuer notre récit et nous en remettrons la suite à demain.

26. — J'espère que vous veillerez si bien sur vous, chers petits, que vous ne m'obligerez plus à m'interrompre.

27. — Non, non, s'écrièrent les frères et la sœur, nous vous le promettons.

28. — Mme Duval sourit à cette bonne promesse et les embrassa tendrement.

QUESTIONS :

1. — Comment se nommaient les orphelins dont Mme Duval racontait l'histoire à ses enfants?

2. — Quel grand malheur avait frappé Robert et sa sœur Marguerite ?

3. — Quand leur père avait-il cessé de se conduire exemplairement ?

4. — A quoi s'était-il laissé entraîner ?

5. — Sa faute était-elle bien grave et pourquoi ?

6. — Quel avait été le sort de cet ouvrier ?

7. — Qu'était devenue sa pauvre femme ?

8. — Par qui Robert et Marguerite avaient-ils été recueillis ?

9. — Que demandèrent ces pauvres enfants à leur bienfaiteur ?

10. — Que leur répondit-il ?

11. — Que faisait Robert à l'égard de sa petite sœur ?

12. — Le bon curé garda-t-il les orphelins chez lui ?

13. — Où les plaça-t-il ?

14. — Que promit Robert à sa sœur en la quittant ?

15. — Qu'est-ce que Mme Duval fut obligée de faire ?

16. — Quels reproches fit-elle à Gustave ?

17. — Que dit-elle à son fils Gaston ?

18. — Quelle réflexion fit-elle au sujet de Louise ?

19. — Quelle raison donna-t-elle à ses enfants pour les engager à se mieux tenir ?

20. — A qui les enfants ressemblent-ils lorsqu'ils se tiennent la tête baissée vers la terre ?

21. — Que leur dit encore Mme Duval pour les encourager à soigner leur tenue ?

22. — Quelle question leur adressa-t-elle ?

23. — Que promirent les enfants à leur mère ?

24. — Que demanda la gentille Louise à sa mère ?

25. — Que lui répondit Mme Duval ?

26. — A quelle condition fit-elle espérer qu'elle ne s'interromprait plus ?

27. — Que répondirent ses enfants ?

28. — Quelle récompense Mme Duval leur accorda-t-elle ?

§ II.

Robert en apprentissage.

1. — Le lendemain, à la veillée, Mme Duval continua l'histoire de Robert, ainsi qu'elle l'avait promis à ses enfants.

2. — Nous avons quitté Robert, dit-elle, au moment où il fut mis en apprentissage chez un honnête menuisier.

3. — Avant de se séparer de ce pauvre orphelin, le bon curé lui avait donné tous les

conseils nécessaires pour l'engager à se bien conduire.

4. — Robert avait surtout promis de ne jamais oublier sa prière matin et soir, car c'est le premier devoir dont tous les autres dépendent.

5. — Le menuisier, patron de Robert, demeurait dans un village assez éloigné de Paris; quelquefois il envoyait son ouvrier avec le petit apprenti travailler dans les maisons de campagne des environs du village.

6. — Cet ouvrier se nommait Benoit; il était plus âgé que Robert, sans être pour cela plus raisonnable que lui, car il n'avait pas reçu d'aussi bons exemples que notre petit orphelin dans son enfance.

7. — Un soir qu'ils revenaient tous deux un peu tard, ils résolurent de traverser un bois pour abréger leur chemin.

8. — Es-tu peureux, dit Benoit à Robert?

9. Non, répondit celui-ci, car toutes les fois que je sortais le soir avec mon bon père et que quelque chose m'effrayait, il me conduisait aussitôt vers l'objet qui causait mon inquiétude, et toujours j'étais rassuré, en voyant que c'était soit une branche d'arbre que le vent agitait, ou une borne que, dans l'ombre, j'avais prise pour un animal dangereux.

10. — Tu as raison, dit encore Benoit, on s'alarme souvent à tort et tu es bien heureux d'avoir eu un père aussi bien avisé.

11. — Et puis, reprit Robert, mon protecteur, le bon curé, m'a dit aussi qu'on n'a jamais peur lorsqu'on n'a rien à se reprocher, car Dieu nous a donné à chacun un bon ange pour nous guider et nous protéger.

12. — Ici, Benoit sourit avec incrédulité, car il n'avait pas eu le bonheur d'être élevé aussi chrétiennement que Robert.

13. — Au moment où les deux camarades s'enfonçaient dans un sentier assez étroit, ils entendirent une grosse voix qui leur cria : « Qui va là ? »

14. — Ils s'arrêtèrent soudain et....

15. — Je suis encore obligée de m'interrompre, dit Mme Duval, et c'est Gustave qui en est cause.

16. — Je lui ai déjà dit souvent qu'il ne faut jamais se mettre les doigts dans le nez ou dans les oreilles ; il paraît qu'il a oublié ma défense, puisque depuis quelques instants il ne cesse d'y contrevenir.

17. — J'espérais que mon regard lui rappellerait mes avis, et pas du tout, il ne comprend pas et continue à être aussi inconvenant.

18. — Voyez son visage, dit-elle à Gaston et à Louise ; comme il s'enlaidit, car son nez enfle et se déforme parce qu'il y porte continuellement les mains.

19. — Rappelez-vous, chers enfants, que vous devez vous corriger, dans votre intérêt même, de cette mauvaise habitude qui peut

avoir pour conséquence d'occasionner des inflammations, difficiles à guérir, surtout si vous n'avez pas les mains propres, ce qui vous arrive quelquefois.

20. — Le pauvre Gustave, désolé de l'interruption, promit de mieux s'observer à l'avenir et pria sa bonne mère de continuer.

21. — Mais le temps ne s'était pas arrêté pendant les remontrances de Mme Duval, et l'heure de se retirer avait sonné.

22. — Quel dommage, dit tout bas la petite Louise à ses frères, j'aurais bien voulu savoir qu'elle était cette grosse voix qui cria à Benoit et à Robert : « Qui va là? »

QUESTIONS :

1. — Quand Mme Duval continua-t-elle l'histoire de l'apprenti ?

2. — A quel moment avons-nous quitté Robert ?

3. — Avant de se séparer de l'orphelin, quels conseils lui avait donné le bon curé ?

4. — Qu'est-ce que Robert avait promis à son bienfaiteur ?

5. — Où le patron de Robert l'envoyait-il travailler quelquefois avec son ouvrier ?

6. — Comment se nommait cet ouvrier et pourquoi n'était-il pas plus raisonnable que Robert, quoiqu'il fût plus âgé que lui ?

7. — Où furent-ils obligés de passer un soir pour abréger leur route ?

8. — Que demanda Benoit à l'apprenti ?

9. — Quelle fut la réponse de Robert ?

10. — Benoit l'approuva-t-il ?

11. — Quelle raison donna encore Robert pour ne pas avoir peur ?

12. — Pourquoi Benoit sourit-il avec incrédulité ?

13. — Qu'arriva-t-il aux deux camarades au moment où ils s'enfonçaient dans un étroit sentier du bois ?

14. — Que firent-ils soudain ?

15. — Que dit Mme Duval en interrompant son récit ?

16. — Que reprocha-t-elle à son fils Gustave ?

17. — Qu'espérait Mme Duval en regardant Gustave ?

18. — Que dit-elle à Gaston et à Louise de remarquer sur le visage de Gustave ?

19. — Pourquoi engagea-t-elle ses enfants à se corriger de leur mauvaise habitude de porter leurs doigts à leur visage ?

20. — Que fit Gustave désolé d'avoir été cause de l'interruption ?

21. — Pourquoi Mme Duval ne put-elle pas continuer son récit ?

22. — Que dit tout bas la petite Louise à ses frères ?

§ III.

Le Charbonnier.

1. — Les enfants de Mme Duval attendaient avec impatience la suite de l'histoire de Robert, quand leur bonne mère continua en ces termes :

2. — La première pensée de l'ouvrier, en entendant cette grosse voix, avait été de continuer son chemin sans répondre, et il l'avait dit tout bas à Robert, en lui faisant remarquer une grande ombre noire entre les arbres.

3. — Notre petit orphelin avait refusé de suivre ce timide conseil, en disant à Benoit : As-tu déjà oublié ce que je t'ai dit du moyen que mon père employait pour me guérir de la peur, quand j'étais tout petit garçon ? « Je suis sûr que ce grand corps noir est un homme qui ne nous fera aucun mal ; approchons-nous. »

4. — Au même instant, la même voix fit encore entendre, avec plus de force, un second : « Qui va là ? », et les deux camarades répondirent : « Amis ! » en se rapprochant.

5. — Bientôt ils se trouvèrent en face d'un homme tout noir qui n'était autre, chers enfants, qu'un charbonnier occupé à surveiller son four.

6. — « Eh ! camarades, dit-il, comment êtes-vous si tard dans le bois ? Vous avez sans doute perdu votre chemin ?

7. — » Non, mon brave homme, répondit Benoit, c'est pour abréger notre route que nous avons pris ce sentier, car nous craignons d'être grondés par notre patron, si nous rentrons trop tard.

8. — » Mais vous ne savez donc pas, mes garçons, que ce sentier conduit à une fondrière où vous auriez pu tomber et vous faire beaucoup de mal? C'est pour cela que je vous dis que vous vous êtes perdus?

9. — » Alors comment faire pour regagner la route? demanda Robert; il fait si noir, que c'est impossible quand on ne connaît pas le bois?

10. — » Tu as raison, petit, répondit le brave charbonnier; aussi, comme je le connais, je vais vous remettre dans votre chemin; mais croyez-en mon avis, ajouta-t-il, une autre fois ne traversez plus le bois si tard, car, sans moi, vous eussiez pu vous faire grand mal, et c'eût été dommage », continua-t-il, en posant la main sur la tête du petit Robert.

11. — Les deux camarades remercièrent beaucoup le bon charbonnier, qui leur demanda chez qui ils travaillaient, et promit d'aller leur dire bonjour quand il irait porter son charbon au village.

12. — Arrivés sur la lisière du bois, Robert et Benoit reconnurent leur chemin et dirent bonsoir au complaisant guide, en le remerciant de nouveau.

13. — « Eh ! bien, dit Robert à Benoit, quand ils furent seuls, tu vois ce qui nous serait arrivé, si j'avais suivi ton conseil de ne pas répondre et d'avoir peur ? Nous serions allés nous jeter dans la fondrière... Ah ! mon pauvre père avait bien raison !.. » Et le petit orphelin poussa un gros soupir en pensant à ce bon père qu'il aimait tant et qu'il avait perdu trop tôt.

14. — Il était bien tard quand l'ouvrier et l'apprenti arrivèrent chez le menuisier, aussi n'osaient-ils pas entrer, craignant d'être grondés. Pourtant ils frappèrent, et, dès que la femme de leur maître les aperçut, elle s'écria :

15. — Mme Duval allait continuer, quand elle fut encore obligée de s'interrompre en s'adressant à la petite Louise qui suçait son pouce : Quelle vilaine habitude ! lui dit-elle, que de fois déjà je te l'ai reprochée, et toujours tu recommences ! En vérité, tu ressembles à un petit enfant qui revient de nourrice !

16. — Si tu ne te corriges pas de ce vilain défaut, tu finiras par avoir un pouce plus petit que l'autre, ce qui sera fort laid ; et, de plus, toutes tes jeunes amies se moqueront de toi. »

17. — Pourquoi ne m'as-tu pas écouté, dit Gaston à Louise, je t'avais fait signe de retirer ton pouce de ta bouche ? Tu es cause que maman a encore interrompu son histoire ?

18. — Je ne t'ai pas vu, répondit Louise ;

je regardais maman pour mieux entendre, et puis, tu es bien méchant de me faire ce reproche; moi, je ne t'ai rien dit, quand maman s'est arrêtée par ta faute ?

19. — Allons, mes chers enfants, reprit Mme Duval, ne vous querellez pas ainsi; je vous promets de reprendre demain la suite de l'histoire de Robert.

20. — Merci, chère maman, s'écrièrent Gaston et Louise, en s'embrassant de bon cœur pour prouver à leur mère qu'ils n'étaient pas fâchés.

QUESTIONS :

1. — Qu'est-ce que les enfants de Mme Duval attendaient avec impatience ?

2. — Quelle avait été la première pensée de Benoit en entendant la grosse voix crier : « Qui va là. »

3. — Que pensa Robert du grand corps qu'il voyait entre les arbres ?

4. — Qu'est-ce qui se fit entendre une seconde fois ?

5. — En face de qui Robert et Benoit se trouvèrent-ils ?

6. — Que leur demanda le charbonnier ?

7. — Que lui répondit Benoit ?

8. — Que leur apprit le charbonnier et pourquoi les deux camarades auraient-ils pu se faire beaucoup de mal ?

9. — Quelle question lui fit Robert?

10. — Quel conseil le charbonnier donna-t-il à Benoit et à Robert?

11. — Que firent les deux camarades et que leur promit le charbonnier?

12. — Que firent Benoit et Robert arrivés sur la lisière du bois?

13. — Quelle réflexion Robert fit-il faire à l'ouvrier?

14. — Était-il tard lorsque l'ouvrier et l'apprenti arrivèrent chez leur patron et que craignaient-ils?

15. — Que reprocha Mme Duval à Louise; à qui lui dit-elle qu'elle ressemblait?

16. — Qu'arrive-t-il si un enfant ne se corrige pas de la mauvaise habitude de mordre son pouce?

17. — Quel reproche Gaston fit-il à sa sœur?

18. — Que lui répondit Louise?

19. — Que dit Mme Duval à ses enfants?

20. — Que firent les bons enfants pour prouver à leur mère qu'ils n'étaient pas fâchés entre eux.

§ IV.

Le Grognement sourd.

1. — Où en suis-je restée hier au soir, dit Mme Duval à ses enfants avant de reprendre la suite de son récit ?

2. — Au moment où Mme Legrand, femme du menuisier, ouvrait la porte à Benoit et à Robert, répondirent les enfants.

3. — Ah ! oui, vous avez raison ; elle s'écriait en les voyant : « Que vous est-il donc arrivé pour rentrer aussi tard et nous mettre dans une si grande inquiétude ? Mon pauvre mari n'y a pas tenu ; il est parti avec le voisin pour aller à votre recherche. Comment se fait-il que vous ne les ayez pas rencontrés ? Quel chemin avez-vous donc pris ? »

4. — Benoit et Robert s'empressèrent de raconter ce que nous savons déjà et ce que vous n'avez sans doute pas oublié, mes chers enfants, c'est-à-dire comment le brave charbonnier les avait empêchés d'aller tomber dans la fondrière ; puis le bon Robert proposa à Benoit de retourner bien vite au-devant de leur patron.

5. — « Non, non, dit Mme Legrand, vous pourriez encore vous égarer et cela n'aurait pas de fin. J'aime mieux que vous vous reposiez en attendant le souper, car vous devez être fatigués, mes pauvres garçons ? »

6. — Cette proposition fit beaucoup plus

de plaisir à Benoit que celle de sortir de nouveau, car il était un peu paresseux et un peu gourmand ; il s'assit donc nonchalamment près de la cheminée. Quant à Robert, il pensait à la peine qu'il causait à son bon patron et ne pouvait rester tranquille. Il finit même par s'échapper au moment où la brave femme de son maître allait chercher quelque chose dans une pièce voisine.

7. — Il sortit, malgré la grande obscurité, et s'avança sur la route pour écouter s'il entendrait le bruit de quelques pas.

8. — Bientôt il distingua la voix de son maître, et courut au-devant de lui pour le rassurer, en lui apprenant le motif de leur retard.

9. — Le menuisier lui dit, que, se doutant bien qu'ils avaient traversé le bois, il s'y était rendu et que le charbonnier lui avait tout raconté.

10. — Avant d'arriver chez le menuisier, le complaisant voisin qui l'avait accompagné, voulut prendre congé de lui, mais le patron de Robert s'y opposa, en disant :

« Entrez donc, père Guillaume, vous souperez avec nous.

11. — » Merci, dit-il, je suis attendu à la maison et la mère Guillaume pourrait s'inquiéter.

12. — « Qu'à cela ne tienne, reprit le menuisier, Robert aura bientôt fait de courir jusque chez elle pour la prévenir. »

13. — La femme du menuisier, en voyant rentrer son mari et le voisin Guillaume sans Robert, eut une nouvelle inquiétude que le menuisier calma bientôt, lorsqu'il lui eut appris que l'apprenti allait revenir.

14. — Pendant le souper, on félicita Robert de la nouvelle preuve qu'il avait donnée de son bon cœur, en allant au-devant de son patron, tout en le reprenant d'avoir désobéi à Mme Legrand.

15. — Dès que le repas fut fini, Robert traversa la cour pour se rendre dans l'atelier où couchaient ordinairement les apprentis.

16. — Comme on ne lui permettait jamais d'emporter de lumière, dans la crainte qu'il ne mît le feu aux copeaux, il s'était habitué à trouver son lit à tâtons. Il entra dans l'atelier, dont il ferma la porte, et ne tarda pas à heurter un gros corps qui fit entendre aussitôt un grognement prolongé...

17. — Allons, dit Mme Duval, je m'arrête encore, car vous devez être fatigués ou ennuyés, puisque je vous vois bailler tous les trois, ce qui est très-malhonnête, mes chers enfants.

18. — Non, non, chère maman, ce n'est pas parce que nous sommes fatigués que nous baillons, c'est... c'est,.. nous ne savons pas pourquoi, mais bien sûr, ce n'était point par ennui!

19. — Alors, c'est donc parce que vous souffrez de l'estomac, ou parce que vous avez

sommeil, dit leur bonne mère ; en pareil cas, il est difficile de ne pas bâiller ; mais rappelez-vous, chers enfants, qu'il ne faut jamais le faire sans détourner la tête et mettre votre main devant la bouche pour dissimuler un acte qui est toujours un signe d'impolitesse. Il paraît que vous étiez tous trois, dans la même disposition ; aussi vous n'avez aucun reproche à vous adresser pour m'avoir interrompue ; vous n'êtes pas plus coupable l'un que l'autre ?

20. — Les bons enfants promirent de profiter du conseil de leur excellente mère ; et ils se résignèrent, en soupirant, à attendre jusqu'au lendemain l'explication de ce grognement extraordinaire.

QUESTIONS :

1. — Quelle question fit Mme Duval à ses enfants ?

2. — Que répondirent Gustave, Gaston et Louise ?

3. — Que dit Mme Legrand en voyant Benoit et Robert ?

4. — Que firent Benoit et Robert avec empressement, et que proposa l'apprenti ?

5. — Mme Legrand consentit-elle à le laisser sortir ?

6. — Robert resta-t-il tranquillement à se reposer comme Benoit ?

7. — Pourquoi sortit-il malgré l'obscurité ?

8. — Qu'est-ce qu'il entendit bientôt ?

9. — Que lui dit le menuisier ?

10. — Qui voulut prendre congé du menuisier et que dit ce dernier ?

11. — Que répondit le voisin Guillaume ?

12. — Par qui le menuisier envoya-t-il prévenir la femme de Guillaume ?

13. — Qu'éprouva Mme Legrand en voyant rentrer son mari seul avec le voisin ?

14. — Que dit-on à Robert pendant le souper ?

15. — Que fit Robert lorsque le repas fut fini ?

16. — Quelle habitude avait-il prise en allant se coucher et qu'entendit-il bientôt ?

17. — Pourquoi Mme Duval s'interrompit-elle encore et que reprocha-t-elle à ses enfants ?

18. — Que répondirent-ils ?

19. — Quelles réflexions fit Mme Duval et quels conseils donna-t-elle à ses enfants ?

20. — Que promirent les bons enfants ?

§ V.

Kabyle.

1. — Depuis hier, chère maman, dit la petite Louise, je pense à ce grognement que Robert entendit, et il me tarde bien de savoir ce que c'était. Gaston et Gustave ont supposé plusieurs choses, mais je parie qu'ils n'ont pas deviné ?..

2. — C'est ce que tu vas savoir, petite impatiente; surtout, souviens-toi bien de toutes mes recommandations et ne m'oblige pas de nouveau à m'interrompre au moment le plus intéressant, dit Mme Duval, puis elle continua:

3. — Robert n'était pas peureux, comme vous vous le rappelez, chers enfants, mais il n'était pas non plus sans défaut. En effet, comme vous, il était quelquefois désobéissant, et, malgré la défense qui lui avait été faite d'avoir de la lumière dans l'atelier pour se coucher, il cachait souvent des allumettes dans sa poche, ce qui est une chose fort dangereuse, vous le savez. Ce grognement le surprit donc beaucoup, et, ne sachant à quoi l'attribuer, il voulut tout de suite en connaître la cause. Sans réfléchir au danger du feu, il prit une allumette, et crac!.. il alluma une des chandelles qui servent aux menuisiers pour le travail du soir, et jeta l'allumette loin de lui.

4. — Puis, que vit-il? bien installé sur les copeaux et dormant tout à son aise : un gros chien qui, sans doute, ayant vu l'atelier ouvert, avait jugé très-commode d'y passer la nuit, s'y trouvant mieux que dans la cour de son maître.

5. — « Ah ! c'est toi, *Kabyle*, s'écria Robert, en le secouant avec force ; tu t'amuses à vouloir me faire peur, et c'est comme cela que tu gardes la maison de ton vieux maître, qui t'aime tant ! Tu n'étais pas si paresseux quand tu le suivais dans ses campagnes, au milieu de ce pays si éloigné qui t'a valu ton nom ? »

6. — En effet, chers enfants, *Kabyle* appartenait à un vieux militaire qui lui avait donné

ce nom en souvenir de ses dernières expéditions en Kabylie, contrée montagneuse de l'Algérie, et que nous n'avons soumise que depuis peu d'années, après de longues luttes avec les fiers Indigènes, qui ne voulaient reconnaître aucun pouvoir étranger.

7. — *Kabyle*, bonne bête de sa nature, ne se fâcha pas de la manière, un peu brusque, dont Robert le réveilla, et, comme s'il eût compris qu'il était coupable d'avoir quitté la maison de son maître, il se mit à caresser Robert, et se laissa renvoyer de l'atelier sans aucune résistance.

8. — « Allons, dit Robert, sans ce coquin de *Kabyle*, je dormirais depuis un bon moment. Il sera cause que demain je n'entendrai pas le patron qui m'appellera et que je lui donnerai la peine de venir me réveiller, ce qui le mettra de mauvaise humeur, dès le matin. Ah ! bah ! je lui raconterai le tour de *Kabyle*, et cela le fera rire, j'en suis sûr. » En disant ces mots, notre petit apprenti, qui avait éteint la lumière, se dirigea vers son lit. A peine avait-il fermé les yeux et commençait-il à s'endormir, qu'il sentit une forte odeur de fumée et éprouva un malaise semblable à un étouffement. Il ouvrit les yeux, regarda dans l'atelier, et aperçut, avec effroi, des flammes qui sortaient du tas de copeaux sur lequel il avait si imprudemment jeté son allumette à moitié éteinte.

9. — « Oh ! mon Dieu ! J'ai mis le feu ! s'écria-t-il ! Que faire ? Il faut que je réveille

mon patron ! Que va-t-il dire ? Que je suis malheureux ! » En disant ces paroles, il s'élança à travers les flammes, sortit de l'atelier, et se mit à crier de toutes ses forces : « Au feu ! au feu ! au secours ! au secours !.. »

10. — Décidément, ma chère Louise, tu me feras supposer que tu n'es pas obéissante, car, depuis quelques minutes, je m'aperçois que tu ne tiens aucun compte d'une recommandation que je t'ai souvent faite.

11. — Mais, chère maman, je ne faisais rien que de vous écouter, s'empressa de répondre Louise ; j'étais tout occupée de ce pauvre Robert au milieu des flammes. Que j'aurais été effrayée à sa place ! et que va-t-il devenir ?

12. — Tu ne faisais rien que de m'écouter, dis-tu, ma chère petite, mais regarde, je te prie, les ongles de ta main gauche et dis-moi s'ils ne sont pas plus courts que ceux de ta main droite.

13. — Louise, toute confuse, regarda en effet ses ongles et vit qu'ils étaient entièrement rongés et que sa bonne mère avait raison.

14. — Mais, chère maman, dit-elle, comment se fait-il que, malgré mes résolutions, je retombe toujours dans les mêmes fautes.

15. — C'est parce que, ma chère enfant, tu n'écoutes pas mes conseils avec autant d'attention que tu en apportes à l'histoire de Robert. Songe donc que, si tu grandis sans

te corriger, tu me feras beaucoup de chagrin, car tu ressembleras à ces pauvres enfants qui n'ont pas eu le bonheur d'être bien élevés et qu'on reconnaît à toutes ces mauvaises habitudes.

16. — Si tu ne renonçais pas à te ronger les ongles, la chair finirait par les déborder, au point d'y former des espèces de bourrelets qui t'empêcheraient de saisir les petits objets, tels que des épingles, des aiguilles, des petites pièces de monnaie, etc. Parfois même il arrive que pour faire disparaître ces vilains bourrelets, on est obligé de recourir à des opérations douloureuses.

17. — Oh ! mon Dieu ! vous me faites peur, chère maman, dit la petite Louise ; je vous promets de ne plus être aussi désobéissante, et, ajouta-t-elle en soupirant, je suis encore bien punie, puisque c'est moi qui suis cause que vous vous êtes arrêtée au moment où ce pauvre Robert se trouvait si épouvanté.

18. — Toute ma crainte, dit Gaston, c'est que son patron le gronde bien fort pour avoir désobéi et qu'on ne puisse pas empêcher l'atelier de brûler ?

19. — Allons, allons, mes chers enfants, il est trop tard pour continuer, dit Mme Duval; demain vous saurez cela et vous ferez en sorte l'un et l'autre de ne plus m'interrompre ?

20. — Oui, oui, chère maman, s'écrièrent les enfants ; mais comme c'est long d'attendre jusqu'à demain, ajoutèrent-ils en embrassant leur bonne mère.

QUESTIONS :

1. — Que dit la petite Louise à Mme Duval, au sujet du grognement que Robert avait entendu ?

2. — Que répondit Mme Duval et que fit-elle ?

3. — Quel défaut avait Robert et que lui avait-on défendu ?

4. — Que vit-il installé sur les copeaux ?

5. — Quelles paroles adressa-t-il à *Kabyle*?

6. — Pourquoi le nom de *Kabyle* avait-il été donné à ce gros chien ?

7. — Pourquoi *Kabyle* ne se fâcha-t-il pas d'avoir été réveillé brusquement par Robert?

8. — Quelles réflexions fit Robert après avoir renvoyé *Kabyle* et qu'aperçut-il en se réveillant à moitié étouffé ?

9. — Que dit-il à la vue des flammes qui s'échappaient du tas de copeaux et quels cris poussa-t-il en s'élançant dehors ?

10. — A ce moment, quels reproches Mme Duval fit-elle à Louise ?

11. — Quelle réponse fit Louise pour s'excuser ?

12. — Que lui montra sa mère pour lui prouver qu'elle se rongeait les ongles ?

13. — Louise chercha-t-elle encore à s'excuser ?

14. — Quelle question fit-elle à sa mère ?

15. — Quelle explication lui donna Mme Duval et quelle recommandation lui fit-elle pour l'engager à se corriger ?

16. — A quelle souffrance dit-elle à Louise qu'elle s'exposerait si elle continuait à se ronger les ongles ?

17. — Que promit Louise à sa mère ?

18. — Quelle réflexion fit Gaston au sujet de la faute de Robert ?

19. — Que dit Mme Duval à ses enfants en leur annonçant qu'elle remettait au lendemain la continuation de son récit ?

20. — Que répondirent les enfants, et que firent-ils avant de quitter leur bonne mère ?

§ VI.

L'Incendie.

1. — Le lendemain, les enfants étaient réunis et attendaient avec impatience la suite de l'histoire de l'apprenti. Ils s'étaient bien promis de s'avertir mutuellement si l'un des trois oubliait les recommandations de leur mère.

2. — Aux cris de Robert, continua Mme Duval, le menuisier fut bientôt réveillé, et jugez de son épouvante en apercevant des flammes dans l'atelier ? A son tour, il donna l'alarme et bientôt tous les voisins accoururent effarés, dans des costumes plus ou moins étranges : la plupart en effet ne s'étaient vêtus qu'à la

hâte pour se porter plus vite sur le lieu du sinistre, les uns avec des seaux, des baquets, d'autres munis de cruches, d'arrosoirs et même de casserolles, enfin de tout ce qu'ils avaient pu trouver sous la main pour transporter de l'eau.

3. — « Eh ! dites-donc, père Guillaume, disait l'un, tout en courant, en voilà une alerte et un grand malheur ? Quelle peut donc en être la cause ? reprenait un autre voisin ?

4. — » Est-ce que c'est le moment de s'inquiéter de cela, mon garçon ? Il faut d'abord empêcher l'atelier de brûler, allons à l'ouvrage et pas de temps perdu en paroles inutiles.

5. — » Formez la chaîne jusqu'au puits, criait le menuisier, et en un instant tous les amis, les voisins se repassaient les seaux et cherchaient à éteindre le feu qui menaçait de gagner tout l'atelier.

6. — » Ah ! mon Dieu, s'écria Mme Legrand qui accourait aussi avec les voisines, et ce pauvre Robert qui couche dans l'atelier, il va être étouffé, sauvez ce pauvre enfant ! Sauvez-le !

7. — » Elle a raison, la voisine, dit le père Guillaume, c'est un brave enfant qui a un fier cœur et qui fera, un jour, un homme qui n'aura peur de rien ; il faut le sauver, allons, en avant, du courage !...

8. — » Arrêtez donc, vous autres, s'écria le menuisier, il y a longtemps que Robert est sorti de l'atelier, puisque ce sont ses cris qui

m'ont réveillé. Mais, est-ce qu'il aurait disparu au moment du danger ? Je ne le vois pas.

9. — » Si je ne me trompe, dit un autre voisin, c'est lui que j'aperçois là-bas, occupé à retirer tous les outils de l'atelier du côté opposé au feu. Bravo ! Robert ! tenez ! les flammes ne sont pas loin de lui et rien ne l'arrête. Oh ! ce sera un fameux garçon, comme dit le père Guillaume ! »

10. — En effet, mes enfants, Robert, qui savait que sa désobéissance avait causé ce malheur, s'occupait, malgré son chagrin, à sauver les outils de son maître, dans la crainte que le feu ne gagnât tout l'atelier.

11. — Heureusement il n'en fut rien; grâce aux efforts réunis de tous les bons voisins, le feu fut bientôt éteint, et le pauvre menuisier put reconnaître que le dégât ne serait pas aussi considérable qu'il l'avait craint. Pourtant, il faudrait encore travailler encore bien des semaines et bien des mois pour réparer ce malheur; et les voisins cherchaient à le consoler de leur mieux.

« Merci, mes amis, disait le brave homme, sans vous, j'aurais pu tout perdre et je dois encore remercier Dieu de vous avoir tous envoyé à mon secours.

12. — » Ah ! ça, dit le père Guillaume, il serait temps de savoir à présent comment ce malheur est arrivé ; est-ce que vous avez été ce soir dans l'atelier avec de la lumière?

13. — » Mais non, répondit le menuisier, et Robert va toujours se coucher sans en emporter dans la crainte du feu. Est-ce que, par hasard, il aurait désobéi aujourd'hui, et aurait gardé des allumettes dans sa poche? Ah ! par exemple, il faut que je le sache tout de suite; et le patron appela : Robert ! Robert ! »

14. — Malgré mon désir de ne pas m'interrompre, m'y voici encore forcée dit Mme Duval. Ce n'est plus Louise qui ronge ses ongles, mais Gustave qui se mord les lèvres jusqu'au sang.

15. — Regardez-donc, dit-elle à ses enfants, comme ses lèvres grossissent et sont enflammées.

16. — En les irritant toujours ainsi, il les rend tellement sensibles à l'action de l'air, que le moindre vent froid les gerce ou les fend, ce qui est encore plus douloureux.

17. — Le soir, il est obligé d'y mettre de la pommade ou un corps gras quelconque pour guérir les petites excoriations qu'il provoque par cette mauvaise habitude.

18. — Que de fois je la lui ai reprochée et toujours inutilement. En vérité, mon cher Gustave, tu me désoles !

19. — Oh ! pardon chère maman, cette fois, je vous le promets, je me souviendrai de la leçon ; car vous avez été forcée de vous arrêter au moment où le menuisier appelait le pauvre Robert, et j'aurais bien voulu savoir ce qui allait lui arriver. Pourvu que son patron ne le gronde pas trop fort !

20. — Allons ! mon fils, résigne-toi à attendre jusqu'à demain et puisse cette petite contrariété te rappeler ainsi qu'à Louise et à Gaston, qu'il faut vous corriger d'habitudes que je désire tant voir disparaître en vous.

QUESTIONS :

1. — Quelle résolution avaient pris les enfants au moment où Mme Duval allait reprendre son récit ?

2. — Qui fut réveillé aux cris de Robert ?

3. — Quelle réflexion fut faite mal a propos au père Guillaume par un voisin ?

4. — Que répondit, avec raison, le père Guillaume ?

5. — Que firent les voisins pour éteindre l'incendie ?

6. — Que dit Mme Legrand en accourant avec les voisines ?

7. — Que dit aussi le père Guillaume au sujet de Robert ?

8. — Que leur fit connaître le menuisier en les empêchant d'entrer dans l'atelier ?

9. — Où Robert se trouvait-il pendant qu'on s'inquiétait de son sort ?

10. — Que faisait-il pour essayer d'atténuer le malheur dont il était cause ?

11. — Les efforts de tous les travailleurs parvinrent-ils à éteindre l'incendie ?

12. — Quelle question fit alors le père Guillaume sur la cause de l'incendie ?

13. — Que répondit le menuisier à cette question et qui soupçonna-t-il d'avoir désobéi ?

14. — Pourquoi Mme Duval suspendit-elle encore son récit ?

15. — Que fit-elle remarquer à Louise et à Gaston ?

16. — Qu'arrive-t-il quand on se mord les lèvres comme Gustave ?

17. — Quel moyen faut-il employer pour les guérir ?

18. — Quel reproche fit Mme Duval à son fils?

19. — Quelle promesse fit Gustave et pourquoi était-il fâché d'avoir désobéi ?

20. — Quel conseil Mme Duval donna-t-elle à ses enfants en les quittant ?

§ VII.

L'Innocent accusé.

1. — Ah ! disait la petite Louise à ses frères, en attendant la suite de l'histoire de Robert, j'ai bien peur que le pauvre garçon ne soit puni ?

2. — Et moi aussi, répondit Gaston, mais voici notre chère maman qui va nous tirer d'inquiétude ; asseyons-nous vite pour l'écouter :

3. — En s'entendant appeler par son patron, dit Mme Duval, Robert eut tellement peur qu'il eut un instant la pensée de s'enfuir.

4. — Mais, presqu'aussitôt, repoussant cette mauvaise inspiration, il se présenta timidement devant le menuisier, qui ne put s'empêcher de lui dire :

5. — « Comme te voilà défiguré, mon pauvre Robert ; tes vêtements sont à moitié brûlés et tes cheveux mêmes sont roussis. Ah ! ça, toi qui m'as donné l'alarme, sais-tu comment le feu a pu prendre ? »

6. — A cette question que redoutait Robert,

un combat s'éleva aussitôt dans son cœur entre le bien et le mal.

7. — L'esprit du mensonge lui souffla tout de suite cet affreux conseil : « Réponds que tu ne le sais pas, et ne parle pas de ta désobéissance, car tu serais puni... » tandis que sa conscience lui disait : « Ne mens pas Robert, dis la vérité et tu seras pardonné. »

8. — Robert avait appris de son pauvre père à avoir horreur du mensonge, aussi repoussa-t-il avec fermeté le mauvais conseil, et, avec des larmes dans la voix, il répondit à son patron :

9. — « Oh ! pardonnez-moi, mon cher maître, c'est parce que je vous ai désobéi que ce malheur est arrivé », et il raconta son aventure avec *Kabyle*, et comment elle l'avait entraîné à se servir des allumettes qu'il avait dans sa poche.

10. — En écoutant Robert faire cet aveu si simple de sa faute, les voisins en furent émus et plusieurs voix s'élevèrent aussitôt pour demander son pardon.

11. — « Comment, s'écria Hubert, le vieux soldat, c'est mon coquin de *Kabyle* qui est cause du malheur, car s'il n'avait pas été se coucher sur les copeaux, le pauvre Robert n'aurait pas eu la pensée de se servir de ses allumettes. Allons, allons, c'est mon chien qui doit être puni et pas lui.

12. — » Il a raison, Hubert, il a raison, s'écrièrent tous les voisins, grâce pour Robert!

13. — » M'est avis, reprit le père Guillaume, que la franchise de Robert m'a soulagé, car il m'était passé une vilaine idée par la tête, et j'avais été bien près d'accuser un innocent; je crois même que j'avais communiqué mes craintes à Jean-Pierre.

14. — » Et c'est pour cela, dit un voisin de Jean-Pierre, que celui-ci a disparu depuis un moment.

15. — » Ah ! mon Dieu, s'écria le père Guillaume, est-ce qu'il serait allé à la recherche du pauvre colporteur qui... »

16. — Le père Guillaume n'eut pas le temps d'achever, car un grand bruit de voix se fit entendre, au milieu duquel on distinguait les cris : « Avancez donc, nous verrons un peu si ce n'est pas vous, vous vous expliquerez devant M. le Maire.

17. — » Mais je suis innocent, je vous le jure, ayez pitié de moi, ne me perdez pas », criait le malheureux colporteur, que le père Guillaume reconnut bientôt et près de qui il s'avança en disant à ceux qui le conduisaient :

18. — Allons, dit Mme Duval, je serai donc toujours obligée de suspendre au moment le plus intéressant, et cela pour reprocher à Gaston ce que je lui ai déjà défendu tant de fois.

19. — Est-il permis, quand une personne s'adresse à vous, de porter ses yeux à droite, à gauche ? Non, car vous avez l'air de ne pas l'écouter et de songer à autre chose.

20. — C'est vrai, chère maman, répondirent les enfants.

21. — Eh bien, reprit Mme Duval, voilà pourtant ce que je reproche à Gaston depuis un moment et ce qui m'a fait supposer que mon histoire ne l'intéressait pas.

22. — Au contraire, chère maman, s'écria le pauvre enfant, et je suis bien fâché de vous avoir interrompue; pardonnez-moi, je vous en prie.

23. — De tout mon cœur, cher Gaston; seulement, comme j'ai promis à votre tante d'aller la voir ce soir, résigne-toi à attendre jusqu'à demain la suite de l'histoire de Robert.

24. — J'espère bien, dit la petite Louise à ses frères, que son patron lui pardonnera en faveur de sa franchise.

25. — Oh! oui, répondirent Gaston et Gustave, car il a eu bien du courage en avouant sa désobéissance devant tout le monde.

QUESTIONS :

1. — Que disait Louise à ses frères?

2. — Que répondit Gaston?

3. — Que fit Robert en s'entendant appeler par son patron?

4. — Qu'est-ce que Robert repoussa et devant qui se présenta-t-il?

5. — Que lui demanda le menuisier?

6. — Quel combat s'éleva dans le cœur de Robert ?

7. — Que lui soufflait l'esprit du mensonge et que lui conseillait sa conscience ?

8. — Qu'est-ce que le père de Robert lui avait appris et quel conseil repoussa-t-il ?

9. — Que répondit-il à son patron ?

10. — Qui fut ému en écoutant l'aveu sincère de Robert ?

11. — Que dit le vieux soldat Hubert et quel fut son avis ?

12. — Que répondirent les voisins ?

13. — Quelle réflexion fit le père Guillaume ?

14. — Que dit un voisin de Jean-Pierre ?

15. — Quelle crainte exprima le père Guillaume ?

16. — Quel bruit de voix se fit entendre et quelles paroles distinguait-on ?

17. — Que répondait le pauvre colporteur ?

18. — Que dit Mme Duval à ses enfants ?

19. — Quelle question leur fit-elle ?

20. — Que répondirent les enfants ?

21. — Quelle réflexion fit Mme Duval ?

22. — Que demanda Gaston à sa bonne mère ?

23. — Que répondit Mme Duval ?

24. — Que dit la petite Louise à ses frères ?

25. — Que répondirent Gaston et Gustave ?

§ VIII.

Histoire du Colporteur.

1. — Les enfants, réunis avant l'heure fixée, attendaient avec impatience quel serait le sort de Robert, quand leur bonne mère vint et reprit ainsi.

2. — Le père Guillaume s'empressa d'expliquer aux paysans comment ce malheur était arrivé, et il ajouta que, pour faire oublier au colporteur leur accusation injuste, il voulait le retenir à souper chez lui.

3. — Cette proposition fut approuvée et il fut aussi décidé que ce serait chez le père Guillaume que cet étranger passerait la nuit.

4. — Le colporteur, qui se nommait Martin, entendant le menuisier reprocher à Robert sa désobéissance lui dit :

5.—» Puisque c'est à la franchise de ce brave enfant que je dois d'avoir été reconnu innocent, je vous en prie, accordez-moi son pardon.

6. — » Oui, oui, s'écrièrent aussitôt les voisins, le colporteur a raison : Robert, par son aveu sincère, a mérité son pardon et il a bien expié sa désobéissance, en exposant ses jours pour sauver les outils de son patron. »

7. — Le menuisier ne pouvant résister à la demande de tous ceux qui venaient de lui rendre un si grand service, ni aux instances de sa femme, pardonna au pauvre Robert, et le père Guillaume voulut l'emmener souper avec l'étranger.

8. — Pendant le repas, le colporteur, interrogé par le père Guillaume, consentit à raconter son histoire et s'exprima ainsi :

9. — « Mes parents étaient de braves ouvriers que j'eus le malheur de perdre encore très-jeune. Etant l'aîné de la famille, je ne voulus pas être, avec mon frère et ma sœur, un surcroît de dépenses pour mes oncles.

10. — » Un jour, je résolus donc de m'embarquer comme mousse sur un bâtiment qui faisait voile pour les Indes.

11. — » Le départ fut bien triste ; en embrassant mon frère et ma sœur, il me semblait que c'était pour la dernière fois. »

12. — Ici, le pauvre Martin s'interrompant se prit à essuyer une larme, et Robert, que le commencement de son récit intéressait beaucoup, le pria de continuer.

13. — « Bien volontiers, dit Martin, quoique mon histoire soit loin d'être gaie ; vous allez en juger.

14. — » Le temps me manque pour vous raconter ma vie en détail, aussi ne vous entretiendrai-je que des principaux événements auxquels j'ai pris part.

15. — » D'abord, à peine avions-nous navigué quelques semaines, qu'un malheur épouvantable arriva : le feu prit à fond de cale, c'est-à-dire dans la partie la plus basse du bâtiment.

16. — » Le capitaine fit monter tout l'équipage sur le pont avec les passagers, parmi lesquels il y avait des femmes et des enfants; puis, il ordonna de fermer avec soin toutes les issues et de boucher les moindres fentes par lesquelles le feu pourrait se faire jour sur le pont.

17. — » Puis, chaque passager consterné recommanda son âme à Dieu, en implorant un secours que la nuit brumeuse ne permettait guère d'espérer.

18· — C'est alors que je regrettai d'avoir quitté mon pays, mes parents et que je suppliai Dieu de nous sauver.

19. — Déjà le pont devenait brûlant sous nos pied, le désespoir allait en augmentant, quand tout-à-coup : »

20. — Allons, dit Mme Duval, c'est donc toujours au moment le plus pathétique qu'il faut que je m'interrompe ; Gustave, as-tu ton mouchoir de poche ?

21. — Oui, chère maman.

22. — Eh bien, mon enfant, prends-le pour essuyer ce que tu viens de faire ; on ne doit jamais cracher par terre.

23. — Le pauvre Gustave, tout confus, fit ce que sa mère lui commandait, et Louise et Gaston poussèrent un soupir, en disant :

24. — Peut-être que le vaisseau va être sauvé en rencontrant un autre bâtiment. Oh ! chère maman, si vous vouliez seulement nous dire un mot ?

25. — Non, mes enfants, il faut que votre frère soit puni de l'habitude malpropre que je lui ai déjà reprochée trop de fois.

26. — Oh ! que ce sera long d'attendre jusqu'à demain, s'écrièrent les enfants en embrassant leur mère !

QUESTIONS :

1. — Que faisaient les enfants réunis avant l'heure indiquée par leur mère ?

2. — Que fit le père Guillaume ?

3. — Sa proposition fut-elle acceptée ?

4. — Comment se nommait le colporteur et par qui entendit-il gronder Robert ?

5. — Que dit-il au menuisier ?

6. — Que diront aussi les voisins ?

7. — Que fit le menuisier et chez qui Robert alla-t-il souper ?

8. — Que fit le colporteur pendant le repas ?

9. — Quels étaient ses parents et quelle réflexion fit-il après leur mort ?

10. — Quelle résolution prit-il un jour ?

11. — Pourquoi son départ fut-il triste en quittant son frère et sa sœur ?

12. — Pourquoi le pauvre Martin s'interrompit-il et que lui demanda Robert ?

13. — Que lui répondit le colporteur ?

14. — Qu'est-ce qui empêcha le colporteur de raconter sa vie en détail et que promit-il de raconter ?

15. — Quel malheur épouvantable arriva à bord du navire, à peine avait-il voyagé quelques semaines ?

16. — Que fit le capitaine et qu'ordonna-t-il de fermer sur le pont ?

17. — Qui recommanda son âme à Dieu et quelle prière fit Martin ?

18. — Alors, quel regret éprouva-t-il ?

19. — Qu'est-ce qui devenait brûlant sous les pieds des passagers ?

20. — Que dit Mme Duval en s'interrompant et que demanda-t-elle à Gustave ?

21. — Que répondit Gustave ?

22. — Que lui ordonna sa mère et que ne doit-on jamais faire ?

23. — Qui fut tout confus et que firent Louise et Gaston ?

24. — Quelle réflexion firent les enfants au sujet du vaisseau et que demandèrent-ils à leur mère ?

25. — Que répondit leur mère ?

26. — Quelle exclamation firent entendre les enfants en embrassant leur bonne mère ?

§ IX.

Suite de l'histoire du Colporteur.

1. — Je parie, disait Gustave à sa sœur, que le vaisseau sera secouru. Ah ! quel bonheur, voici notre chère maman qui va commencer ; écoutons :

2. — « Tout-à-coup, dit le colporteur, on signala un bâtiment qui avait entendu notre canon d'alarme et qui venait à notre secours.

2. — » Ah ! si vous aviez pu voir le changement de scène sur le pont ; jamais je ne l'oublierai. Les enfants se jetaient dans les bras de leurs mères, les femmes dans ceux de leurs maris ; chacun s'empressait de remercier Dieu à genoux et pleurait de joie.

4. — » Aussi vite que possible on procéda au sauvetage ; les femmes et les enfants furent

placés dans des tonneaux, qu'à l'aide de grosses cordes on fit passer sur le pont du navire, et les hommes s'attachèrent à des cordages qu'on leur lança.

5. — » Quelle nuit ! quand je me la rappelle, je me sens encore glacé d'effroi. A peine étions-nous tous passés sur l'autre navire et nous étions-nous éloignés, qu'on entendit une épouvantable explosion, et le nôtre n'offrit plus qu'un horrible incendie.

6. — » Que d'actions de grâce ne devions-nous pas rendre à Dieu pour avoir échappé à une mort si cruelle et que de prières ferventes s'élevèrent ce jour-là vers lui !

7. — » Il me faudrait plus d'une soirée pour vous raconter toutes mes aventures jusqu'à mon retour dans notre chère patrie ; que de fois j'ai été sur le point de périr, soit dans les îles sauvages que j'ai parcourues, soit sur mer.

8. — » Enfin, au bout de quelques années, j'éprouvai un si grand désir de revoir mon pays, que je quittai la marine pour rentrer en France. Je me rendis aussitôt à mon village, où j'appris que mon pauvre frère était mort, ayant eu le malheur de prendre part à une révolution pendant mon absence.

9. — » Ma belle-sœur l'avait suivi de près, en laissant deux orphelins que j'aurais tant voulu retrouver ; mais, hélas ! jusqu'à présent mes recherches ont été inutiles. »

10. — A ce moment, Robert s'était appro-

ché du colporteur, paraissant en proie à une vive émotion.

11. — « Mais comment donc s'appelait votre frère, demanda-t-il en hésitant ?

12. — » Il se nommait Jacques Bourdet et ma belle-sœur Madeleine.

13. — » Ah ! mon Dieu, s'écria Robert, en pâlissant, est-ce que vous seriez ?.. »

14. — Bon ! me voici encore obligée de m'arrêter, et cette fois, par la faute de Gaston, dit Mme Duval.

15. — Que t'ai-je recommandé bien souvent, mon cher fils ?

16. — Vous m'avez recommandé, chère maman, de ne pas croiser les jambes comme dans ce moment, dit le pauvre enfant, tout confus de sa mauvaise tenue.

17. — Outre le manque de respect que cette tenue annonce pour ceux qui t'entourent, elle est aussi d'un mauvais exemple pour ton frère, qui doit te prendre pour modèle comme son aîné.

18. — Maudites jambes croisées, dit Gaston ; je vous promets, chère maman, de ne plus oublier votre recommandation.

19. — Très-bien, cher enfant ; du moment que tu promets, je suis satisfaite, et j'espère que Gustave et Louise se souviendront aussi de la leçon.

20. — Oui, maman, dirent les enfants, mais est-ce que nous ne saurons pas ce que Robert a demandé au colporteur ?

21. — Pas avant demain, chers curieux, parce que je vous ai prévenus que je ne continuerais jamais mon récit le même jour, quand vous me forceriez à m'interrompre par l'oubli des règles de la civilité.

22. — Moi, dit Louise, j'ai une idée au sujet de ce colporteur : je crois qu'il pourrait bien être...

23. — Silence, dit Gaston, garde ton idée pour toi, il vaut mieux être surpris demain ; je devine presque ce que tu penses.

24. — Et moi aussi, dit Gustave ; nous verrons si nous avons deviné la même chose.

25. — A demain donc, et prenons la résolution de ne plus interrompre notre chère maman si mal à propos.

QUESTIONS :

1. — Que disait Gaston à sa sœur ?

2. — Comment le colporteur continua-t-il son histoire ?

3. — Quelle scène se passa sur le pont à l'annonce de la délivrance ?

4. — Que fit-on pour transporter les femmes et les enfants sur le pont de l'autre bâtiment ?

5. — Qu'arriva-t-il, à peine les passagers du vaisseau incendié furent-ils transportés sur celui qui vint à leur secours.

6. — Que firent les passagers pour remercier Dieu de leur délivrance ?

7. — Qu'aurait-il fallu au colporteur pour raconter toutes ses aventures ?

8. — Qu'éprouva-t-il au bout de quelques années, et qu'apprit-il en arrivant dans son village ?

9. — Que s'était-il passé après la mort de son frère ?

10. — Qui s'était rapproché du colporteur et paraissait très-ému ?

11. — Que demanda-t-il à Martin ?

12. — Que répondit celui-ci ?

13. — Quelle exclamation fit entendre Robert ?

14. — Que dit Mme Duval ?

15. — Quelle question fit-elle à Gaston ?

16. — Que répondit Gaston ?

17. — Quelle explication lui donna sa mère ?

18. — Que promit Gaston ?

19. — Que dit Mme Duval ?

20. — Que demandèrent encore les enfants à leur mère ?

21. — Quelle raison leur donna-t-elle pour refuser ce qu'ils demandaient ?

22. — Quelle réflexion fit Louise ?

23. — Que lui dit son frère Gaston ?

24. — Qu'ajouta aussi Gustave comme réflexion ?

25. — Que dirent les enfants en se résignant à attendre au lendemain ?

§ X.

Robert retrouve son Oncle.

1. — Les enfants, réunis avant l'heure fixée par leur mère, trouvaient les quelques minutes d'attente bien longues. Enfin, Mme Duval vint s'asseoir près d'eux et continua en ces termes :

2. — Le pauvre Robert, en entendant les noms de son père et de sa mère, s'écria en pâlissant : « Mais ces noms sont ceux de mes parents; seriez-vous donc le frère de mon père, le bon oncle dont il m'a si souvent parlé ? »

3. — Le colporteur, très-ému, se fit donner des explications par Robert; et il reconnut en lui ce cher petit neveu qu'il avait tant désiré retrouver et le serra avec tendresse dans ses bras.

4. — Après les premiers moments de grande joie, Martin dit à Robert : « Et ma chère petite nièce Marguerite, où donc est-elle, afin que je puisse avoir aussi le bonheur de l'embrasser ?

5. — » Depuis le jour où notre bon curé l'a placée dans un orphelinat, je ne l'ai pas revue, répondit Robert les larmes dans la voix. Ah ! mon oncle, si vous pouviez me conduire près d'elle ?

6. — » Certainement, dit l'oncle en l'embrassant de nouveau, je me ferai un bonheur de vous réunir le plus tôt possible.

7. — » Je vais prier ton patron de me donner l'adresse de votre bon protecteur, que j'ai hâte de remercier, en lui faisant connaître que ta sœur et toi vous avez retrouvé un second père.

8. — » Quand j'aurai revu Marguerite, je t'écrirai et tu me répondras en me disant bien franchement si ton patron a été satisfait de toi.

9. — » Je voudrais bien vous promettre d'écrire, mon cher oncle, mais j'ose à peine vous avouer que je n'en suis pas capable.

10. — » Comment, dit l'oncle, tu ne sais pas écrire ; pourtant, tu as dû aller à l'école pendant plusieurs années ?

11. — » C'est vrai, mon oncle, mais j'étais alors bien petit, et souvent j'ai manqué la classe pour aider ma bonne mère quand ma sœur était malade.

12. — » Et depuis que tu es en apprentissage, après ta journée, est-ce que tu ne pourrais pas te rendre à la classe du soir que fait l'instituteur pour les adultes ?

13. — » Oh ! ce n'est pas l'envie qui me manque, je vous assure; mais je n'ai jamais osé le demander à mon patron, qui m'envoie souvent avec l'ouvrier travailler aux environs, ce qui me fait rentrer trop tard.

14. — » Je vais seulement au catéchisme tous les dimanches, et je tâche d'apprendre ma leçon chaque matin avant de commencer ma journée, afin d'être reçu pour ma première communion.

15. — » C'est très-bien, mon cher Robert; j'espère que M. le Curé sera content de toi à l'examen. Avant de partir, je vais aller te recommander à son indulgence et le remercier de ses bontés.

16. — » Quant à la classe du soir, c'est avec ton cher patron que je vais en parler, car je suis certain qu'il comprendra qu'à l'époque où nous vivons, un bon ouvrier doit au moins savoir lire, écrire et calculer.

17. — » Certainement, dit le menuisier qui venait d'entrer, car j'ai bien souvent regretté de n'avoir pas été à l'école dans ma jeunesse, et, aussi souvent que possible, je laisserai Robert aller à la classe du soir.

18. — » Oh ! merci, mon bon maître, s'écria Robert ; je vous promets de ne plus oublier vos recommandations, pour vous prouver toute ma reconnaissance.

19. — » Allons, dit l'oncle, j'ai confiance en toi et je vais prier ce brave voisin de ton patron qui a bien voulu m'inviter à souper, de te rappeler ta promesse, si tu venais à l'oublier.

20. — » Soyez tranquille, répondit le père Guillaume, je m'en chargerai, et quand vous reviendrez voir votre neveu, je vous raconterai tout ce que je saurai de sa conduite ; entends-tu cela mon garçon ?

21. — Eh ! bien, il n'est plus là, cet étourdi de Robert ? Où peut-il être parti ? »

22. — » Après avoir attendu quelques instants le retour de Robert, Martin et le père Guillaume se disposaient à sortir, lorsque la porte s'ouvrit tout-à-coup et.... »

23. — Et..., dit Mme Duval, Louise depuis un moment oublie aussi mes leçons de propreté, en portant, selon son habitude, la main à la tête pour se gratter.

24. — Louise, toute confuse, retira sa main et poussa un soupir.

25. — Que de fois, chère petite, ajouta sa bonne mère, j'ai cherché à te faire comprendre l'inconvenance de porter toujours la main à ses cheveux et que de fois tu as oublié ma recommandation ?

26. — C'est vrai, chère maman ; ah ! que

j'en suis fâchée ! J'avais tant promis à mes frères de ne pas vous faire interrompre l'histoire de Robert au moment le plus intéressant.

27. — Où peut-il être allé sans rien dire à son oncle et au père Guillaume ?

28. — Allons, ma petite curieuse, résigne-toi à attendre jusqu'à demain pour le savoir et puisse cette contrariété te servir de leçon.

QUESTIONS :

1. — Que faisaient les enfants réunis avant l'heure fixée par leur mère ?

2. — Que fit Robert en entendant les noms de son père et de sa mère ?

3. — Qui le colporteur reconnut-il en Robert ?

4. — Que demanda Martin à Robert ?

5. — Que répondit Robert et quel désir exprima-t-il à son oncle ?

6. — Que lui promit son oncle ?

7. — Quelle adresse l'oncle voulut-il demander au patron de Robert ?

8. — Que promit-il à Robert de faire quand il aurait revu sa sœur ?

9. — Qu'est-ce que Robert osait à peine avouer à son oncle ?

10. — Que lui dit son bon oncle ?

11. — Comment Robert s'excusa-t-il de ne pas savoir écrire ?

12. — Quelle observation lui fit son oncle ?

13. — Qu'est-ce que Robert n'avait pas osé faire ?

14. — Où Robert allait-il seulement le dimanche ?

15. — Que dit l'oncle à Robert et où promit-il d'aller avant de partir ?

16. — Avec qui l'oncle voulut-il parler de la classe du soir et de quoi était-il certain ?

17. — Que répondit le menuisier en entrant ?

18. — Que promit Robert en remerciant son patron ?

19. — Que répondit l'oncle à Robert ?

20. — De quoi se chargea le père Guillaume ?

21. — Quelle exclamation fit le père Guillaume ?

22. — Après avoir attendu le retour de Robert, à quoi se disposaient l'oncle et le père Guillaume quand la porte s'ouvrit ?

23. — Quel reproche fit Mme Duval à Louise en interrompant son récit ?

24. — Que fit Louise toute confuse ?

25. — Que lui dit sa mère ?

26. — Qu'est-ce que Louise avait promis à ses frères ?

27. — Quelle réflexion fit Louise ?

28. — Que lui répondit sa mère ?

§ XI.

Le pauvre voyageur.

1. — En attendant leur bonne mère, les enfants se demandaient entre eux où Robert pouvait être parti ainsi, sans prévenir ni son oncle ni le père Guillaume.

2. — Eh! bien, leur dit Mme Duval en entrant, où en étions-nous restés hier des aventures de Robert?

3. — Au moment, répondit Louise, où son oncle et le vieux Guillaume allaient à sa recherche.

4. — Ah! oui, la porte s'ouvrit et ce fut Robert qui entra, soutenant un pauvre jeune homme pâle, défait, et paraissant exténué de fatigue.

5. — « Pardon, mon oncle, dit Robert; pendant que vous causiez, j'avais cru entendre des plaintes sur la route et j'étais sorti très-vite sans prendre le temps de vous prévenir, espérant m'être trompé et revenir tout de suite.

6. — » Ah! monsieur, reprit le jeune garçon, lorsque votre cher neveu est arrivé, j'étais sur le point de perdre connaissance, et, sans lui, j'aurais peut-être passé la nuit sur la route, où je serais mort de froid et de faim.

7.—» Pauvre garçon, dit le père Guillaume; approchez-vous du feu, mettez-vous à table, et, quand vous aurez soupé, vous nous raconterez comment à cette heure vous vous trouviez seul sur la route. »

8. — Pendant que le voyageur apaisait sa faim et se réchauffait, Martin dit tout bas à Robert : « C'est bien, mon neveu, d'aller au secours de ceux qui souffrent ; continue à suivre les élans de la charité et Dieu te bénira dans toutes tes actions. »

9. — A mesure que le pauvre ouvrier sentait ses forces revenir, ses joues si pâles s'animaient, et bientôt, en remerciant le père Guillaume, il fut en état de lui donner sur sa position les détails qu'il désirait.

10. — « Fils aîné, dit-il, d'un honnête cultivateur, j'ai refusé de suivre les conseils de mon père, qui ne connaît pas de plus belle carrière que celle de l'agriculture.

11. — » J'ai voulu me rendre dans une grande ville pour exercer mon état de maréchal, car, dans mon village, il n'y avait pas assez de travail.

12. — Mais ne connaissant personne, partout où je me suis présenté on a refusé de m'occuper, et j'ai vu mes faibles ressources s'épuiser, en regrettant plus d'une fois de n'avoir pas écouté mon bon père.

13. — » Eh ! bien, dit Martin en interrompant l'ouvrier, il n'est jamais trop tard pour se repentir et suivre un bon conseil ; il faut retourner chez votre père où, comme l'enfant prodigue, je suis sûr que vous serez reçu à bras ouverts.

14. — » Mais comment retourner dans mon pays sans argent ? J'aurais voulu gagner au moins la somme que j'ai dépensée inutilement.

15. — » Vous avez raison, mon garçon ; eh ! bien, si vous le voulez, demain nous partirons ensemble, et en passant dans la ville voisine, où je connais un maréchal, je tâcherai de vous faire occuper chez lui.

16. — » Oh ! que vous êtes bon, monsieur, de venir ainsi en aide à un pauvre ouvrier que vous ne connaissez pas, et quelle preuve de reconnaissance pourrai-je vous donner ?

17. — » La meilleure sera celle de tenir votre promesse de retourner près de vos parents aussitôt que vous aurez gagné de l'argent pour votre voyage.

18. — » Je m'y engage, répondit Antoine, et j'accepte l'offre généreuse de partir avec vous. J'espère qu'un jour je pourrai vous prouver à tous trois que vous n'aurez pas obligé un ingrat.

19. — » Bien pensé, s'écria le père Guillaume, et maintenant il faut vous reposer, car vous ne seriez pas en état de partir demain. »

20. — Martin voulut reconduire Robert chez son patron, pour le prier de permettre à son apprenti de l'accompagner le lendemain matin, ce à quoi le menuisier consentit facilement.

21. — Il fut même convenu que Benoît

serait aussi de la partie, et s'arrêterait en revenant pour travailler avec Robert dans un château voisin.

22. — Robert promit de nouveau, devant son oncle, de s'efforcer de se corriger de sa désobéissance, et, après lui avoir dit bonsoir, il se retira dans l'atelier improvisé où il devait coucher.

23. — Après sa prière, dans laquelle il n'oublia pas de remercier Dieu de lui avoir fait retrouver son oncle, il ne tarda pas à s'endormir, préoccupé cependant par l'idée de se réveiller à l'heure indiquée pour le départ de son oncle.

24. — L'ouvrier, qui avait promis de venir l'éveiller dès quatre heures du matin, ne se réveilla pas lui-même assez tôt.

25. — Déjà il était grand jour, et Martin ne voyant pas venir Robert, se disposa à se rendre chez le menuisier pour connaître la cause de son retard.

26. — En arrivant près de l'atelier, il vit les volets fermés, et, se doutant que son neveu n'était pas levé, il frappa un coup sec à la porte, en criant : « Eh ! Robert ! Robert ! »

27. — Réveillé en sursaut, le pauvre enfant crut d'abord que c'était la voix de l'ouvrier qui l'appelait avant l'heure indiquée, mais bientôt...

28. Encore, dit Mme Duval en s'adressant à Gustave, voilà plusieurs fois pendant mon récit que tu fais un grand bruit en te mou-

chant, ce qui est un manque de convenance et de politesse.

29. — J'espérais toujours que tu te rappellerais mes observations, tant de fois faites à ce sujet, et pas du tout, tu ne sembles pas même les avoir comprises.

30. — « Oh ! pardon, chère maman, je tâcherai de ne plus les oublier à l'avenir, car je suis bien fâché d'avoir interrompu l'histoire de Robert, moi qui étais si disposé à en vouloir à Louise hier au soir. »

31. — C'est ce qui te prouve, cher enfant, qu'il faut beaucoup d'indulgence entre frères et sœurs pour se pardonner mutuellement ses défauts ou son manque de politesse.

32. — Allons, remettons à demain la suite de l'histoire de Robert, et sachez-vous efforcer tous les trois de ne plus oublier qu'on reconnaît les enfants bien élevés à l'observation rigoureuse des règles de bienséance et de politesse.

QUESTIONS :

1. — En attendant leur bonne mère, que se demandaient les enfants entre eux ?

2. — Quelle question leur fit Mme Duval à son arrivée ?

3. — Que répondit Louise ?

4. — Qui Robert soutenait-il en entrant ?

5. — Quelle explication Robert donna-t-il à son oncle pour s'excuser ?

6. — Que dit le jeune garçon à l'oncle de Robert ?

7. — Quelle réponse fit le père Guillaume au pauvre garçon ?

8. — Que dit Martin tout bas à Robert pendant que le voyageur reprenait ses forces ?

9. — A mesure que le pauvre ouvrier réparait ses forces, que se passa-t-il en lui ?

10. — Que raconta-t-il au père Guillaume et de qui était-il fils ?

11. — Où avait-il voulu se rendre pour exercer son état de maréchal et pourquoi ?

12. — Qu'est-ce que l'ouvrier avait regretté plus d'une fois lorsqu'il n'avait pas pu trouver de l'ouvrage ?

13. — Quel conseil Martin donna-t-il au jeune ouvrier ?

14. — Que lui répondit le jeune garçon ?

15. — Quelle proposition lui fit Martin ?

16. — Comment l'ouvrier l'accepta-t-il ?

17. — Quelle preuve de reconnaissance lui indiqua Martin ?

18. — Que dit Antoine en l'acceptant et que promit-il de prouver un jour ?

19. — Que dit le père Guillaume en apprenant la promesse du jeune ouvrier ?

20. — Qui Martin voulut-il conduire chez son patron et pourquoi ?

21. — Que fut-il convenu avec le menuisier ?

22. — Que promit Robert et où se retira-t-il après avoir dit bonsoir à son oncle ?

23. — De quoi Robert remercia-t-il Dieu dans sa prière ?

24. — Qui avait promis de venir éveiller Robert ; le fit-il ?

25. — Que fit Martin ne voyant pas venir Robert ?

26. — Comment s'y prit-il pour le réveiller?

27. — Réveillé en sursaut que pensa d'abord Robert ?

28. — Quel reproche fit Mme Duval à Gustave en s'interrompant ?

29. — Qu'est-ce que Mme Duval espérait que Gustave se rappellerait ?

30. — Quelle promesse fit Gustave à sa mère et quel aveu fit-il au sujet de Louise ?

31. — Qu'est-ce que se doivent entre eux les frères et les sœurs ?

32. — A quoi reconnait-on les enfants bien élevés ?

§ XII.

Départ de l'oncle.

1. — Bientôt, dit Mme Duval, en continuant le lendemain son récit à l'heure accoutumée, Robert s'entendit appeler une seconde fois et reconnut la voix de son oncle.

2. — Alors, dans sa précipitation, et pour ne pas se faire attendre, il prit à peine le temps de faire sa prière, qu'il n'oubliait jamais, puis il s'habilla dans l'obscurité, sans se donner le temps d'ouvrir les volets.

3. — Quand il sortit de l'atelier, son oncle, en le voyant, ne put s'empêcher de rire aux éclats, et voici pourquoi :

4. — Mme Legrand, femme du menuisier, qui soignait Robert comme son enfant, avait placé du linge propre près de son lit, et vous devinez, mes enfants, la distraction de l'apprenti : au lieu de sa blouse, il avait mis sa chemise par dessus sa veste.

5. — Robert, en jetant les yeux sur son

costume, comprit pourquoi son oncle riait ainsi et ne put s'empêcher d'en faire autant.

6. — Dans la crainte que l'ouvrier qui devait venir le chercher n'arrivât et ne se moquât de lui, il rentra dans l'atelier, en priant son oncle de l'attendre un instant.

7. — « Certainement, mon garçon; dépêche-toi de mettre ta blouse, car nous devrions être partis depuis longtemps, si l'ouvrier avait été exact à sa promesse. »

8. — Pendant que Robert était dans l'atelier, Benoit arriva, tout étonné d'avoir été devancé par Martin.

9. — « A votre âge, dit ce dernier, on dort mieux qu'au mien, et dans mes voyages j'ai été tellement habitué à partir au lever du soleil que je suis toujours prêt à l'heure.

10. — » Mais, dit l'ouvrier, où est donc Robert? Est-ce qu'il attend que je vienne le réveiller?

11. — » Non, non, mon garçon, je l'ai déjà vu; seulement, il s'était habillé sans ouvrir les volets et sa tenue n'était guère bien ordonnée.

12. — » Il est très-distrait, et, même lorsqu'il fait jour, il lui arrive quelquefois de s'habiller tout de travers; je suis alors obligé de l'avertir, sans cela les camarades se moqueraient de lui.

13. — » Vous faites bien d'agir ainsi, mon bon garçon, et je vous en remercie pour

Robert ; il est encore si jeune qu'il faut avoir beaucoup d'indulgence pour lui.

14. — » Tenez, le voilà prêt ; passons chez le père Guillaume, où le voyageur qui vient avec moi nous attend. »

15.—Antoine,ne voyant pas,revenir Martin, s'était fait indiquer la demeure du menuisier, et il venait au devant de lui quand il le rencontra avec Robert et Benoit.

16. — Tous les quatre prirent la route de la ville, et, pendant que les deux ouvriers causaient ensemble, Martin dit à Robert :

17. — « N'oublie pas la promesse que tu m'as faite de te préparer à ta première communion par une grande obéissance, car, à ton âge, obéir, c'est faire le bien.

18. — » Quand tu seras grand et devenu patron, ce sera à ton tour de commander, et comment pourras-tu enseigner l'obéissance, si tu ne l'as pas pratiquée toi-même pendant ton enfance ?

19. — » C'est vrai, mon oncle, mais pourquoi est-il si difficile d'obéir ?

20. — » Parce que nous avons un ennemi caché qui ne veut pas nous permettre de faire le bien qui doit nous sauver, et il nous en détourne par tous les moyens en son pouvoir.

21. — » Au contraire, s'il nous vient la pensée de faire le mal, il nous y encourage aussitôt, et l'arme la plus puissante pour résister à ses mauvais conseils, c'est la prière.»

22. — En écoutant son oncle, Robert ne s'aperçut pas que Benoit et Antoine avaient pris un sentier détourné qui devait abréger le chemin, et bientôt son oncle et lui se virent seuls sur la route.

23. — « Allons, dit Martin, où sont donc nos compagnons? Est-ce que parhasard ils auraient voulu nous jouer le tour de se cacher? Si c'étaient deux apprentis, cela ne m'étonnerait pas, dit Martin en souriant, mais des ouvriers!

24. — » Ah! mon oncle, ce que vous dites là c'est pour me taquiner, mais moi aussi je deviendrai un ouvrier, et alors?... »

25. — Alors, dit Mme Duval, je suis encore obligée de m'interrompre par la faute de Gaston.

26. — » Pourquoi donc, chère maman, allait répondre Gaston, lorsqu'il s'aperçut qu'il s'était appuyé sur ses coudes pour écouter sa bonne mère.

27. — Depuis un moment, dit Louise, je tâchais de te faire signe de ne pas te tenir aussi mal, mais tu ne m'as jamais regardée; ce n'est pas ma faute.

28. — Oh! j'en suis bien sûr, bonne petite sœur, et je te remercie tout de même de ton intention.

29. — Mais aussi, ajouta Gaston, il y a tant de choses à se rappeler qu'il est difficile de ne pas en oublier quelques-unes. »

30. — Surtout lorsqu'on est étourdi comme

toi, cher enfant, c'est bien plus difficile, je t'assure.

31. — Allons, ce soir demande à Dieu dans ta prière d'être plus attentif aux leçons que tu reçois chaque jour, et sois sûr que tu seras exaucé.

32. — Et nous aussi, dirent Louise et Gustave, nous demanderons la même grâce à Dieu, car nous oublions bien souvent vos bonnes recommandations, chère maman.

33. — Très-bien, mes enfants, voilà une excellente résolution; tâchez d'y être fidèles, et remettons à demain la suite de notre histoire.

QUESTIONS :

1. — Quelle voix Robert reconnut-il en s'entendant appeler une seconde fois ?

2. — Qu'est-ce que Robert n'oubliait jamais en se levant ?

3. — Que fit son oncle en le voyant sortir de l'atelier ?

4. — Racontez la distraction qu'avait eue Robert en s'habillant dans l'obscurité ?

5. — Que fit Robert en voyant son costume ?

6. — Pourquoi rentra-t-il dans l'atelier et que demanda-t-il à son oncle ?

7. — Que lui répondit son oncle ?

8. — Qui arriva pendant que Robert était dans l'atelier ?

9. — Que lui dit Martin ?

10. — Quelle question l'ouvrier fit-il à Martin ?

11. — Quelle explication lui donna Martin ?

12. — Que lui dit l'ouvrier ?

13. — Martin approuva-t-il la conduite de l'ouvrier à l'égard de Robert ?

14. — Où Martin proposa-t-il de se rendre lorsque Robert fut prêt ?

15. — Qu'est-ce qu'Antoine avait fait en ne voyant pas revenir Martin ?

16. — Que firent les deux ouvriers en prenant le chemin de la ville ?

17. — Que disait Martin à son neveu pendant que les deux ouvriers causaient ensemble ?

18. — Quelle question fit l'oncle à Robert au sujet de l'obéissance ?

19. — Que lui répondit Robert ?

20. — Quelle explication Martin donna-t-il à son neveu au sujet de l'ennemi caché qui veut nous empêcher de faire le bien ?

21. — S'il nous vient la pensée de faire le mal, qu'elle est l'arme la plus puissante pour résister ?

22. — En écoutant son oncle, de quoi Robert ne s'aperçut-il pas ?

23. — Quelle réflexion fit Martin au sujet des apprentis, en ne voyant plus les ouvriers sur la route ?

24. — Que répondit Robert à son oncle ?

25. — Que dit Mme Duval à ses enfants ?

26. — De quoi s'aperçut Gaston lorsque sa mère s'interrompit ?

27. — Que dit Louise à Gaston ?

28. — Que lui répondit son frère ?

29. — Quelle réflexion fit Gaston ?

30. — Comment sa mère y répondit-elle ?

31. — Quel conseil lui donna-t-elle pour l'heure de sa prière ?

32. — Quelle résolution prirent Louise et Gustave ?

33. — Leur bonne mère les approuva-t-elle et quelles paroles leur dit-elle ?

§ XIII.

Départ de l'oncle Martin.

(Suite).

1. — L'oncle Martin, dit Mme Duval, reprit sa conversation avec Robert en ces termes :

« Et alors que feras-tu quand tu seras ouvrier ?

2. — » D'abord, j'espère faire mon tour de France comme les autres, et visiter beaucoup de pays lointains ; j'aime tant à voyager !

3. — » Puis, je m'efforcerai de mettre en pratique les bons conseils que j'ai reçus, pour

ne jamais vous faire de peine, mon cher oncle.

4. — » Allons, c'est bien ; tu es un brave enfant et j'ai confiance en toi. A présent, occupons-nous de retrouver nos compagnons.

5. — » Le bois dans lequel ils sont entrés n'est pas très-étendu, dit Robert, mais il est entrecoupé d'un grand nombre de sentiers ; l'important est de prendre le même qu'eux. »

6. — Lorsque Robert et son oncle entrèrent dans le bois, il leur sembla qu'on les appelait et tous deux prêtèrent l'oreille.

7. — L'oncle croyait que la voix venait de droite, Robert n'était pas de son avis, et tous deux étaient fort embarrassés, lorsqu'ils rencontrèrent un bûcheron qui devait avoir vu les deux ouvriers.

8. — Comme ce dernier venait seulement de pénétrer dans le bois, il ne les avait pas aperçus, et Martin n'obtint de lui aucune indication qui pût le mettre sur les traces des deux compagnons.

9. — Robert proposa de prendre un sentier et son oncle un autre, en assurant que c'était le seul moyen de les rejoindre promptement.

10. — Mais l'oncle n'y consentit pas, et au moment où il prenait congé du bûcheron pour s'engager avec Robert dans le bois, il crut distinguer des voix assez rapprochées.

11. — En effet, d'un petit sentier bien étroit sortirent les deux ouvriers, qui reve-

naient sur leurs pas après s'être aperçus de l'absence de l'oncle et du neveu.

12. — « Allons, dit Martin, à présent que nous voici réunis tous les quatre, ne nous séparons plus, car la journée s'avance et voilà bien du temps inutilement employé.

13. — » Pas inutilement, à mon avis, dit Robert, puisque je l'ai passé avec vous, mon cher oncle, et le moment si triste de la séparation a été retardé.

14. — » Bon Robert, sois tranquille, je reviendrai bientôt et je te rapporterai des nouvelles de ta chère petite sœur.

15. — » Oh! merci, mon oncle; comme je vais compter les jours d'ici là et comme je suis sûr qu'ils vont me paraître longs, dit-il en soupirant.

16. — » Mais non, reprit Benoit, en travaillant de bon cœur, les jours passent bien vite; il n'y a que les paresseux qui les trouvent trop longs.

17. — » D'ailleurs, je serai là pour te faire prendre patience et t'aider à ne pas t'ennuyer; sois tranquille.

18. — » Très-bien, reprit Martin, pour ma part je vous en serai fort reconnaissant, ainsi que toi, n'est-ce pas Robert?

19. — » Oh! oui, mon oncle, car Benoit tiendra sa promesse, j'en suis certain; il est si bon pour moi! »

20. — Tout en causant, les voyageurs étaient arrivés au petit sentier qui conduisait

au château, où l'ouvrier et Robert devaient s'arrêter pour travailler.

21. — Avant de se séparer de son neveu, Martin l'embrassa cordialement et continua sa route avec Antoine ; Robert le perdit de vue, non sans avoir tourné plusieurs fois la tête de son côté pour le saluer encore.

22. — A peine l'ouvrier et Robert avaient-ils franchi la grille du parc, qu'ils entendirent, presque aussitôt, un coup de feu et un cri perçant...

23. — Au moment où Mme Duval allait continuer, Gustave, qui se balançait sur sa chaise, la fit glisser et tomba sans se faire heureusement beaucoup de mal.

24. — Eh ! bien, mon enfant, dit sa mère, que t'ai-je défendu bien souvent, de te pencher en avant sur ta chaise ; tu vois qu'il est arrivé ce que j'avais prévu ?

25. — C'est vrai, chère maman, mais j'étais si occupé à vous écouter que je ne me suis pas même aperçu de ma désobéissance ; voilà encore votre histoire interrompue bien mal à propos par ma faute. »

26. — Sans doute, mon cher Gustave, mais que cette petite contrariété te rappelle, ainsi qu'à ta sœur et à ton frère, qu'il est dangereux de se balancer sur sa chaise, car, en tombant par derrière, on pourrait se blesser gravement et même s'estropier.

27. — Soyez tranquille, chère maman, dirent les enfants ; nous allons si bien nous

observer tous les trois que désormais vous ne serez plus obligée de vous arrêter aussi souvent.

28. — Tant mieux, chers enfants, car vous m'épargnerez ainsi l'ennui d'une réprimande qu'il m'est toujours pénible de faire.

QUESTIONS :

1. — Quelle question l'oncle de Robert lui fit-il ?

2. — Que répondit Robert ?

3. — Quelle promesse fit-il à son oncle ?

4. — Quelle réflexion fit Martin ?

5. — Que lui dit Robert ?

6. — En entrant dans le bois, que crurent entendre Robert et son oncle ?

7. — Étaient-ils du même avis sur le côté d'où venait la voix et qui rencontrèrent-ils ?

8. — Pourquoi Martin ne put-il obtenir aucune indication du bûcheron ?

9. — Que proposa Robert à son oncle ?

10. — L'oncle consentit-il et que crut-il distinguer ?

11. — Qui sortit d'un petit sentier fort étroit ?

12. — Quelle réflexion fit Martin aux deux ouvriers et à Robert ?

13. — Que répondit Robert à son oncle ?

14. — Quelle promesse Martin fit-il à Robert ?

15. — Quelle réflexion fit Robert en soupirant ?

16. — Par quelles paroles l'ouvrier consola-t-il Robert ?

17. — Quelle promesse lui fit-il ?

18. — Comment Martin remercia-t-il l'ouvrier ?

19. — Quelle exclamation fit Robert ?

20. — Tout en causant, où les voyageurs arrivèrent-ils ?

21. — Que firent Martin et Antoine ?

22. — Lorsque Benoit et Robert eurent franchi la grille du parc, qu'entendirent-ils ?

23. — Que fit Gustave au moment ùo Mme Duval allait continuer l'histoire de Robert ?

24. — Quel reproche lui fit-elle ?

25. — Que répondit Gustave ?

26. — A quoi s'expose-t-on en se balançant sur sa chaise ?

27. — Que promirent les trois enfants à leur mère ?

28. — Quelle réflexion fit Mme Duval ?

---

§ XIV.

La Désobéissance.

1. — Le parc dans lequel Robert et Benoit venaient d'entrer, dit Mme Duval, était très-

étendu, et le château, situé à l'extrémité d'une longue avenue, était trop éloigné pour que le cri qui les avait effrayés pût être entendu de ses habitants.

2. — L'ouvrier et Robert, redoutant un malheur, hâtèrent le pas dans la direction du coup de feu et s'enfoncèrent dans des allées sinueuses et couvertes.

3. — En s'avançant avec précaution, ils écoutaient si quelques plaintes ne frapperaient pas leurs oreilles.

4. — Bientôt Robert crut distinguer comme un gémissement et s'élança dans la direction d'où venait ce cri, sans laisser à son compagnon le temps de le suivre.

5. — Quel ne fut pas son effroi, en apercevant un jeune enfant baigné dans son sang et près de lui un fusil.

6.— Il appela aussitôt Benoit, qui reconnut dans ce petit imprudent Charles, le fils du propriétaire ; ils se hâtèrent de le prendre dans leurs bras pour le ramener au château.

7. — S'apercevant que le jeune Charles perdait beaucoup de sang par sa blessure, Benoit prit son mouchoir et celui de Robert pour faire un premier pansement.

8. — Puis, aidé de Robert, il prit des branches dont il forma un brancard, sur lequel il déposa le pauvre blessé, afin de le porter plus facilement à deux.

9. — Ensuite, il s'assura que le fusil était bien déchargé, et le plaça en bandoulière sur son épaule pour le rapporter aussi au château.

10. — Avec beaucoup de précautions, afin de ne pas trop secouer le blessé, ils atteignirent la grande avenue du château, où ils espéraient rencontrer quelques domestiques pour les aider.

11. — Malheureusement, ce qu'ils redoutaient arriva : ce fut le père de l'enfant qui aperçut le triste tableau dont ils auraient voulu lui épargner la vue.

12. — Inquiet de son fils, qu'il n'avait pas vu depuis quelques heures, M. Dartigues était sorti dans le parc, après avoir demandé aux domestiques s'ils savaient où il pouvait être.

13. — Aucun ne l'avait aperçu, contrairement aux habitudes de Charles, qui passait toujours ses récréations non loin du château.

14. — Le père se souvint alors que la veille Charles lui avait témoigné le désir de chasser, et il eut le pressentiment que peut-être, malgré sa défense, il avait pris son fusil et qu'un accident lui était arrivé.

15. — Ce fut à ce moment qu'il rencontra l'ouvrier et l'apprenti lui ramenant son fils blessé, et la vue du fusil lui prouva qu'il ne s'était pas trompé dans ses tristes suppositions.

16. — Le médecin, appelé à la hâte, rassura le malheureux père sur la blessure de son enfant, et, après l'avoir pansé, ordonna un repos complet.

17. — M. Dartigues songea alors à remercier les deux braves garçons qui avaient sauvé son fils, car, sans leur secours, il aurait peut-être pu rester longtemps évanoui et succomber par la perte du sang qui s'échappait de sa blessure.

18. — Il apprit alors des deux compagnons comment, en se rendant au château pour travailler, ils avaient entendu un coup de feu suivi d'un cri perçant, et comment Robert avait, le premier, découvert le jeune désobéissant.

19. — En remerciant l'intelligent apprenti, M. Dartigues s'aperçut qu'il était de l'âge de son fils, et lui dit que Charles se chargerait de le récompenser autant qu'il le méritait.

20. — Robert répondit qu'il n'avait point mérité de récompense, et qu'il n'avait fait que son devoir en secourant le fils de M. Dartigues.

21. — Charmé de cette réponse, M. Dartigues désira plus vivement encore faire connaître un aussi brave enfant que Robert à son fils, et il fut convenu que les deux compagnons coucheraient au château pour voir Charles le lendemain.

22. — M. Dartigues retourna dans la chambre de son fils, et en apercevant son père le pauvre Charles se souvint de sa désobéissance, dont il avait été si cruellement puni, et voulut demander pardon... Mais en voyant sa pâleur son père lui fit signe de garder encore le silence.

23.— Et je n'irai pas plus loin aujourd'hui, dit Mme Duval, car je m'aperçois que Louise retombe dans la faute que je lui ai reprochée si souvent, c'est-à-dire de mettre ses pieds sur les barreaux de sa chaise.

24.—Surtout, ajouta Mme Duval, lorsqu'une petite fille peu soigneuse n'essuie même pas ses bottines avant d'entrer et apporte, comme ma fille, tout le sable de la cour dans l'appartement.

25. — Louise s'aperçut, en effet, qu'elle avait sali les barreaux de sa chaise, et avoua que, dans son empressement à venir entendre l'histoire de Robert, elle avait oublié la recommandation de sa bonne mère et qu'elle en était bien fâchée.

26. — Cela suffit, chère petite; du moment que tu reconnais ton tort, je puis espérer qu'une autre fois tu seras plus soigneuse en rentrant de la promenade.

27. — Rien ne contrarie plus une bonne ménagère, dont les meubles sont bien entretenus, que le peu de précautions de ces visiteurs qui mettent ainsi leurs chaussures malpropres sur des pieds de table ou de guéridon.

28. — Lorsque ma petite Louise sera ellemême chargée de surveiller un jour son ménage, elle comprendra mieux l'utilité de mes conseils.

29. — Oh ! maman, d'ici là, je crois bien que j'aurai le temps de les comprendre pour ne jamais les oublier.

30. — Je l'espère, chère enfant, et je charge tes frères, plus âgés que toi, de faire une inspection avant que tu rentres dans la maison, afin de te rappeler à l'ordre.

31. — Nous n'y manquerons pas, dirent les deux frères, et ce sera aussi dans notre intérêt, pour ne pas vous faire interrompre si souvent l'histoire de Robert.

32. — Pauvre Charles ! dit la petite Louise, comme je le plains d'avoir été puni aussi sévèrement de sa désobéissance !

QUESTIONS :

1. — Le parc dans lequel Robert était entré était-il très-étendu, et le château se trou-

vait-il placé trop loin pour que les habitants eussent pu entendre le cri qui avait effrayé les deux compagnons ?

2. — Que firent l'ouvrier et Robert, redoutant un malheur ?

3. — Qu'écoutèrent-ils en s'avançant avec précaution dans les allées sinueuses ?

4. — Qu'est-ce que Robert crut distinguer et que fit-il ?

5. — Qu'aperçut-il avec effroi ?

6. — Qui Robert appela-t-il et que fit Benoit ?

7. — De quoi s'aperçut l'ouvrier et quel moyen prit-il pour arrêter le sang de la blessure du jeune Charles ?

8. — Que fit-il, aidé de Robert ?

9. — Que fit-il aussi avant de ramasser le fusil ?

10. — Où Robert et l'ouvrier se dirigèrent-ils avec le blessé ?

11. — Ce qu'ils redoutaient arriva-t-il ?

12. — Qui était inquiet de Charles et qu'avait demandé M. Dartigues aux domestiques ?

13. — Quelqu'un l'avait-il aperçu et quelles étaient les habitudes de Charles ?

14. — Qu'avait demandé Charles à son père la veille, et quel pressentiment eut ce dernier ?

15. — En apercevant son fils blessé, qu'est-ce qui prouva à M. Dartigues qu'il ne s'était pas trompé dans ses tristes suppositions ?

16. — Qui fut appelé à la hâte et qu'ordonna le médecin ?

17. — Qui M. Dartigues songea-t-il à remercier et que serait devenu Charles sans le secours de Robert et de Benoit ?

18. — Qu'apprit-il alors des deux compagnons ?

19. — Que dit M. Dartigues à Robert, en s'apercevant qu'il était de l'âge de son fils ?

20. — Que répondit Robert ?

21. — Qui M. Dartigues désira-t-il faire connaître à son fils et que fut-il convenu ?

22. — Où M. Dartigues retourna-t-il en quittant Robert et l'ouvrier, et pourquoi fit-il signe à son fils de garder le silence ?

23. — Que dit Mme Duval en interrompant l'histoire de Robert et quel reproche fit-elle à Louise ?

24. — Que doit faire une petite fille soigneuse en rentrant dans un appartement ?

25. — De quoi Louise s'aperçut-elle après le reproche de sa mère et que lui dit-elle ?

26. — Que lui répondit Mme Duval ?

27. — Qu'est-ce qui contrarie beaucoup une bonne ménagère ?

28. — Que dit encore Mme Duval à Louise ?

29. — Que répondit la petite fille ?

30. — Qui la maman chargea-t-elle de faire l'inspection lorsque Louise rentrerait de la promenade ?

31. — Que répondirent les deux frères ?

32. — Quelle exclamation fit Louise en songeant au jeune désobéissant Charles ?

---

§ XV.

La Reconnaissance.

1. — Charles Dartigues, dont la désobéissance avait failli lui coûter la vie, n'était point un méchant enfant, reprit Mme Duval ; il avait au contraire un bon cœur.

2. — Lorsque le lendemain, se trouvant moins faible, il lui fut permis de parler, il s'empressa de raconter à son père comment son accident était arrivé, non sans lui témoigner un grand repentir de sa faute.

3. — « Après votre refus de me laisser prendre votre fusil, cher papa, je résolus de chercher un autre moyen de passer ma récréation.

4. — » Déjà j'en avais trouvé un, lorsque je vous vis sortir en voiture, et il me vint alors la mauvaise pensée de vous désobéir, en pensant qu'avant votre retour j'aurais le temps de remettre le fusil à sa place.

5. — » Je pris des précautions pour n'être vu de personne, et je m'éloignai à la hâte du côté de la partie la plus retirée du parc.

6. — » C'est alors que voulant passer à travers des broussailles, le fusil se prit dans

des branches, et une partie de la charge m'atteignit à la jambe.

7. — » Vous savez le reste, cher papa, mais je voudrais bien voir les deux braves garçons qui m'ont rapporté avec tant de bonté sur un brancard, qu'ils ont fait après avoir bandé ma blessure.

8. — » J'ai prévenu ton désir, cher enfant, et je les ai fait coucher au château, où ils étaient venus pour terminer quelques travaux de menuiserie indispensables.

9. — » Oh! merci, cher père; soyez sûr que la leçon sévère que j'ai reçue ne sera jamais oubliée, et pardonnez-moi toute la peine que ma désobéissance vous a causée.

10. — » De tout mon cœur, dit M. Dartigues, touché du repentir de Charles. Avant de faire venir dans ta chambre tes deux sauveurs, je te préviens que je t'ai laissé le soin de les récompenser comme ils le méritent.

11. — » Que vous êtes bon! Eh! bien, si vous le permettez, je leur demanderai d'abord ce qui peut leur faire le plus de plaisir à chacun.

12. — » C'est cela, d'autant plus que l'apprenti, qui est à peu près de ton âge, m'a paru fort délicat à ce sujet, et m'a répondu qu'il n'avait fait que son devoir en secourant un blessé.

13. — » Excellent cœur! Oh! qu'il me tarde de le connaître! Il me semble que je l'aimerai bien. »

14. — Benoit et Robert furent introduits dans la chambre de Charles, qui les remercia vivement d'être venus à son secours.

15. — Puis il leur demanda tout de suite, avec la franchise de son âge, qu'est-ce qu'il pourrait leur offrir pour leur témoigner sa reconnaissance.

16. — D'abord, ils refusèrent de répondre; mais, touché des instances de Charles, l'ouvrier, le premier, avoua que depuis longtemps ce qu'il désirait était une montre en argent qui lui permît d'être plus exact quand son patron l'envoyait travailler loin de l'atelier.

17. — Immédiatement, Charles demanda à son père la permission de lui offrir celle qui lui avait été donnée pour le collége, avec une double boîte en argent.

18. — M. Dartigues voulut y ajouter aussi une chaîne en argent, et Benoit ne put dissimuler sa joie d'être mis en possession d'un objet si longtemps désiré.

19. — Quant à Robert, il finit par dire que sa plus grande ambition serait de posséder quelques livres d'étude, pour se préparer au cours d'adultes que son patron l'avait déjà autorisé à suivre de temps en temps.

20. — Charles fut agréablement surpris de cette réponse, et demanda à son père le moyen de satisfaire le jeune apprenti.

21. — Je comprends, dit M. Dartigues, en s'adressant à Robert, que vous désiriez perfectionner ce que vous avez appris à l'école avant d'aller en apprentissage?

22. — « Oh ! oui, monsieur, car j'ai été très-peu de temps en classe, étant devenu orphelin depuis plusieurs années.

23. — » Pauvre enfant, continua le père de Charles ; ce titre d'orphelin augmente mon intérêt pour vous, et il me vient une idée qui, je n'en doute pas, fera plaisir à Charles.

24. — » Je demanderai à votre patron de vous laisser venir, en outre, passer la soirée ici le jeudi et le dimanche, et c'est Charles qui sera votre instituteur pour vous apprendre à écrire sans faute et à bien compter.

25. — » C'est une bien bonne idée, cher père, et je ferai tous mes efforts pour que mon élève soit content de son maître, si du moins cet arrangement plaît à Robert. »

26. — Au moment où celui-ci allait répondre qu'il serait très-heureux et très-reconnaissant de pouvoir accepter une offre aussi obligeante, on vint prévenir M. Dartigues que quelqu'un désirait lui parler...

27. — Allons, dit Mme Duval, c'est au tour de Gustave à oublier les plus simples règles de la bienséance, et à me forcer à m'arrêter plus tôt que je ne voulais.

28. — Comment peux-tu, mon enfant, t'oublier à ce point, et que viens-tu de faire?

29. — Chère maman, répondit Gustave, tout embarrassé, j'avais envie de me moucher, mais je n'osais pas faire de bruit en me servant de mon mouchoir, car c'eût été vous

interrompre aussi, comme vous nous l'avez déjà défendu, et je me suis oublié, et j'en suis tout honteux, jusqu'à..... renifler.

30. — C'est vrai, cher enfant; mais ne pouvais-tu pas te servir de ton mouchoir sans faire de bruit, en te gênant un peu jusqu'à la fin de mon récit?

31. — Rappelez-vous bien, chers enfants, ajouta Mme Duval, qu'en général, ceux qui ne veulent se gêner en rien gênent toujours ceux avec qui ils sont appelés à vivre, ce qui n'est autre que de l'égoïsme.

32. — C'est à toutes les petites précautions de propreté et de convenance qu'on distingue les enfants bien élevés de ceux qui manquent d'éducation.

33. — Comme Robert a été raisonnable, dit Gaston, dans le choix que M. Dartigues lui avait permis de faire.

34. — En effet, il ne pouvait rien faire de plus raisonnable que de se procurer les moyens de s'instruire ; tu le comprendras encore mieux, lorsque l'expérience aura remplacé ton étourderie.

QUESTIONS :

1. — Charles Dartigues était-il un méchant enfant ?

2. — Que fit-il le lendemain, lorsqu'il put parler sans fatigue ?

3. — Que voulait-il faire après le refus de son père de lui prêter son fusil ?

4. — Qu'avait-il fait après avoir vu son père sortir en voiture ?

5. — Quelle précaution prit-il, après avoir désobéi en prenant le fusil ?

6. — Comment Charles avait-il été blessé ?

7. — Quel désir Charles exprima-t-il à son père, après lui avoir raconté son accident ?

8. — Que lui répondit son père ?

9. — Quelle promesse fit Charles à son père en le remerciant ?

10. — Que dit M. Dartigues à Charles en lui pardonnant ?

11. — Quelle permission Charles demanda-t-il à son père ?

12. — Que lui répondit M. Dartigues en la lui accordant ?

13. — Quelle exclamation fit Charles en parlant de l'apprenti ?

14. — Qui furent conduits dans la chambre de Charles ?

15. — Que demanda Charles à Benoit et à Robert ?

16. — Qu'est-ce que l'ouvrier désirait depuis longtemps et dans quel but ?

17. — Que fit Charles immédiatement ?

18. — Que voulut ajouter M. Dartigues à la montre de Charles ?

19. — Quelle était la plus grande ambition de Robert ?

20. — Que fit Charles, étonné du désir de l'apprenti ?

21. — Que dit M. Dartigues à Robert ?

22. — Dites la réponse de Robert à M. Dartigues ?

23. — Quelle réflexion fit M. Dartigues ?

24. — Que dit-il qu'il demanderait au patron de Robert ?

25.—Quelle promesse fit Charles à son père?

26. — Qu'arriva-t-il au moment où Robert allait remercier M. Dartigues ?

27. — Que dit Mme Duval en interrompant l'histoire de Robert ?

28. — Quelle question Mme Duval fit-elle à Gustave ?

29. — Quelle fut la réponse de Gustave et comment voulut-il s'excuser de son inconvenance ?

30. — Quel conseil lui donna sa mère ?

31. — Que dit encore Mme Duval, en s'adressant à ses trois enfants ?

32. — Comment distingue-t-on les enfants bien élevés de ceux qui ne le sont pas ?

33. — Quelle réflexion fit Gaston en parlant de la raison dont Robert avait fait preuve en demandant seulement des livres pour suivre le cours d'adultes ?

34. — Qu'est-ce que sa mère ajouta ?

§ XVI.

Robert reste au château.

1. — Retournons un instant, continua Mme Duval, chez le patron de Robert, qui, n'ayant pas vu rentrer son ouvrier et son apprenti, s'était rendu tout inquiet au château pour en connaître la cause.

2. — C'était justement lui qui désirait parler à M. Dartigues, et il arrivait fort à propos.

3. — En quelques instants, M. Legrand apprit le terrible accident arrivé la veille au fils de M. Dartigues, et la conduite pleine de cœur de Benoit et de Robert.

4. — Le brave homme en fut très-touché, et ne songea plus à gronder l'ouvrier et l'apprenti, ainsi qu'il en avait eu l'intention.

5. — Il n'osa pas non plus refuser à M. Dartigues la permission demandée pour Robert, de venir au château deux fois par semaine.

6. — Il fut donc convenu qu'aussitôt sa blessure guérie, Charles irait avec son père chercher le jeune écolier pour lui donner les leçons qu'il désirait tant recevoir.

7. — M. Dartigues fit quelques questions à M. Legrand sur son apprenti, et tout ce que le menuisier lui raconta de son caractère et de son bon cœur, ne fit que confirmer la bonne opinion qu'il en avait déjà.

8. — Il lui témoigna son désir d'être utile à Robert, et s'engagea même à payer à M. Legrand les heures de travail que son apprenti ne lui donnerait pas.

9. — Le menuisier, qui aimait Robert comme s'il eût été son enfant, remercia beaucoup M. Dartigues de ses bontés, et, avant de prendre congé de lui, il alla voir Charles avec Benoit et Robert.

10. — Charles, qui craignait d'être retenu longtemps encore dans sa chambre, dit à son père qu'il serait bien heureux de voir rester Robert quelques jours près de lui.

11. — M. Dartigues ne crut pas devoir lui refuser cette satisfaction, et M. Legrand partit seul avec Benoit, après avoir recommandé à Robert de se montrer digne des bontés du père et du fils.

12. — On installa le jeune apprenti dans une chambre près de Charles, et bientôt ils s'entendirent comme s'ils se connaissaient depuis longtemps.

13. — Ce qui surprit le plus notre jeune apprenti dans sa chambre, ce fut l'ordre et la propreté qui y régnaient

14. — Dans l'atelier où il couchait, le pauvre enfant s'était toujours trouvé dans un milieu tout contraire ; et, privé très-jeune des leçons de sa mère, personne n'avait pris soin de lui inculquer des habitudes de soin et de propreté.

15. — Charles Dartigues aussi avait perdu

sa mère dès l'âge de trois ans, mais son père avait surveillé son éducation avec sollicitude, en le confiant à des maîtres capables et dévoués.

16. — Une maladie assez grave avait obligé son père à le retirer du collége, et c'est pendant son séjour au château que sa désobéissance avait failli lui coûter la vie.

17. — Le premier jour, Robert passa tout son temps dans la chambre de Charles, qui le pria de lui raconter son histoire, et comment il avait été mis en apprentissage chez M. Legrand, menuisier.

18. — Lorsque Robert eut fini son récit, non sans s'attendrir beaucoup au souvenir de sa mère et de son père, qu'il aimait tant, Charles, tout ému aussi, s'efforça de le distraire, et lui proposa d'ouvrir un album de dessins dont il lui expliquerait les sujets.

19. — Robert, qui avait le plus grand désir d'apprendre le dessin, s'empressa d'accepter l'offre de Charles, et son attention, en écoutant les explications du jeune malade, frappa tout d'abord ce dernier, car il n'avait pas l'habitude d'écouter ainsi les leçons de ses professeurs.

20. — Cet album était rempli de sujets historiques, dont Robert entendait parler pour la première fois, et il s'arrêtait surtout à ceux qui lui paraissaient les plus extraordinaires.

21. — « Qu'est-ce que c'est donc, monsieur Charles, que cette femme qui semble arracher un étendard sur la muraille d'une ville, et qui tient une hache à la main ? »

22. — Charles allait répondre, lorsque son père entra dans sa chambre avec le médecin, qui trouva le blessé beaucoup mieux et fit espérer qu'il pourrait bientôt sortir en voiture.

23. — En me rappelant à l'instant, dit Mme Duval, ce qui a frappé le plus Robert dans la chambre qu'il devait occuper près de celle du jeune Charles, je suis obligée de m'arrêter pour faire un reproche à ma petite Louise.

24. — Ce matin, j'ai eu le regret de constater qu'elle avait oublié mes recommandations au sujet de l'ordre, car rien n'était à sa place dans sa chambre.

25. — Oh ! ma chère maman, répondit Louise, au moment où j'allais mettre chaque chose à sa place, on m'a appelée pour prendre ma leçon d'écriture, et, dans la crainte de me faire attendre, j'ai... »

26. — J'ai laissé tout en désordre, ajouta la maman, et ce n'est pas la première fois que cela vous arrive, mademoiselle, parce que vous aviez perdu votre temps ce matin au lieu de ranger votre chambre.

27. — Voyons, vous souvenez-vous de ce qu'on pense d'une maîtresse de maison, chez laquelle l'ordre manque, et qui ne sait pas trouver les objets dont elle doit se servir, faute de les avoir remis chacun à sa place ?

28. — On ne peut s'empêcher, répondit Louise, de la juger mal élevée, puisqu'elle ignore la vertu qui nous aide à en acquérir d'autres.

29. — Très-bien, chère Louise, et puis tu oublies que, selon saint Augustin, cette vertu nous conduit à Dieu, quand il nous dit : « Dieu est l'ordre et l'ordre nous conduit à Dieu. »

30. — Oh ! oui chère maman, je me souviens à présent que vous nous avez dit que l'ordre matériel, qui doit toujours régner autour de nous, dans notre famille, dans nos appartements, est l'image de l'ordre moral qui doit régner aussi dans notre cœur.

31. — A merveille, et puisque tu n'as pas oublié ces premières leçons de ton enfance, j'espère que tu les mettras en pratique lorsque la raison aura remplacé ta légèreté.

32. — C'est aux jeunes filles surtout à mettre de l'ordre dans la maison, puisque, plus tard, elles sont chargées de la surveillance du ménage, et j'espère que tu donneras à tes frères l'exemple d'un ordre aussi parfait que je le désire pour vous tous.

QUESTIONS :

1. — Qu'avait fait le menuisier n'ayant pas vu rentrer son apprenti et son ouvrier ?

2. — Qui voulait parler à M. Dartigues et pourquoi M. Legrand arriva-t-il à propos ?

3. — Qu'est-ce que M. Legrand apprit en quelques instants ?

4. — Fut-il touché de la conduite de Robert et de Benoit.

5. — M. Legrand refusa-t-il la permission demandée pour Robert ?

6. — Que fut-il convenu entre le menuisier et M. Dartigues ?

7. — Quel fut le résultat des questions que M. Dartigues fit au menuisier au sujet de Robert ?

8. — A quoi s'engagea M. Dartigues pour Robert ?

9. — Que fit le menuisier avant de quitter le château avec Benoit et Robert ?

10. — Que dit Charles à son père ?

11. — M. Dartigues refusa-t-il à Charles ce qu'il désirait ?

12. — Où installa-t-on le jeune apprenti au château ?

13. — Qu'est-ce qui surprit le plus Robert dans sa chambre au château ?

14. — Pourquoi Robert n'avait-il pas été habitué à l'ordre et à la propreté ?

15. — Charles avait-il aussi perdu sa mère et qui s'était occupé de son éducation ?

16. — Qu'est-ce qui avait obligé le père de Charles à le retirer du collége ?

17. — Où Robert passa-t-il son temps le premier jour et qu'est-ce que Charles le pria de lui raconter?

18. — Lorsque Robert eut fini son récit, que lui proposa Charles pour le distraire ?

19. — Quel était le plus grand désir de Robert, et qu'est-ce que remarqua Charles en lui donnant des explications ?

20. — De quels sujets l'album de Charles était-il rempli, et quels étaient ceux que Robert regardait de préférence ?

21. — Quelle question fit-il à Charles ?

22. — Qui entra dans la chambre de Charles au moment où il allait répondre à Robert ?

23. — Que dit Mme Duval à ses enfants, en s'interrompant dans son récit ?

24. — Qu'est-ce que Mme Duval avait eu le

regret de constater dans la chambre de Louise ?

25. — Que répondit Louise à sa mère ?

26. — Pourquoi Louise avait-elle laissé sa chambre en désordre ?

27. — Quelle question fit Mme Duval à Louise au sujet d'une maîtresse de maison ?

28. — Que répondit Louise ?

29. — Quelles paroles de saint Augustin Mme Duval rappela-t-elle à Louise ?

30. — Que répondit Louise, et de quel enseignement de sa mère se souvint-elle ?

31. — Quelle réflexion fit Mme Duval ?

32. — Quelle espérance exprima-t-elle à sa fille ?

§ XVII.

l'Album historique.

1. — Après la visite du médecin, qui avait empêché Charles de donner à Robert l'explication qu'il lui avait demandée, il rouvrit l'album et s'exprima en ces termes :

2. — « Cette femme, armée d'une hache, et qui arrache un étendard, s'appelait Jeanne Lainé, dite Jeanne Hachette, pour faire honneur au courage qu'elle déploya au siège de Beauvais, sous Louis XI, contre Charles-le-Téméraire, duc de Bourgogne.

3. — » Mais, monsieur Charles, dit Robert, où donc se trouve la ville de Beauvais ? je n'ai jamais entendu les noms que vous venez de prononcer.

4. — » Ah ! j'oubliais, répondit Charles, que tu n'a pas encore appris l'histoire de France et la géographie.

5. — » Beauvais est le chef-lieu du département de l'Oise. Louis XI est le nom d'un roi de France qui monta sur le trône en 1461, dans le XVe siècle, et, quand tu liras son règne, tu verras comme il a été cruel pour abattre la puissance des seigneurs de son temps, au nombre desquels était Charles-le-Téméraire, duc de Bourgogne. »

6. — Ces explications étaient déjà assez longues pour Robert, et Charles pensa qu'il ne fallait pas fatiguer sa mémoire sur un même sujet.

7. — Bientôt Robert s'adressa encore à Charles, pour savoir quel était ce chevalier qui était appuyé contre un arbre, devant lequel un autre guerrier se tenait debout.

8. — « Ce dessin représente la mort de Bayard, surnommé le chevalier sans peur et sans reproches.

9.—»Ce guerrier, qui se tient debout devant lui, est le connétable de Bourbon, qui avait trahi son pays, sous François Ier, en passant dans l'armée de Charles-Quint, en 1524.

10. — » La gravure représente le moment où le connétable s'arrête devant le brave che-

valier Bayard mourant, et veut lui exprimer sa pitié.

11. — » Mais ce vaillant guerrier, qui mourait pour sa patrie, lui répond fièrement : « Ce n'est pas moi qu'il faut plaindre, car je meurs en homme de bien, mais plutôt vous, qui combattez contre votre prince, votre patrie et vos serments. »

12. — « Que vous êtes heureux, monsieur Charles, dit Robert, d'avoir appris l'histoire de France, et comme j'aimerais en avoir une pour la lire le dimanche à la veillée.

13. — » Sois tranquille, répondit Charles, mon père me permettra de t'en donner une comme souvenir du service que tu m'as rendu, et, quand tu viendras prendre ta leçon, tu me raconteras ce que tu auras lu.

14. — » Quel bonheur, s'écria Robert ; moi aussi je pourrai connaître l'histoire de tous les hommes courageux de mon pays ! Est-ce qu'il y en a beaucoup comme Bayard ?

15.—» Oh ! certainement, répondit Charles, mais ils sont trop nombreux pour me rappeler leurs noms aujourd'hui, et demain, si je garde encore la chambre, nous lirons quelques pages de l'histoire si intéressante de notre cher pays.

16. — » C'est cela, monsieur Charles, et j'en serai bien content ! Lorsque je serai grand, si je tombe au sort, je tâcherai d'être un brave soldat, pour qu'on m'appelle un jour, comme Bayard, sans peur et sans reproches.

17. — » Bravo Robert, dit M. Dartigues, qui venait d'entrer et avait entendu les paroles de l'apprenti, voilà des sentiments qui font ton éloge, et me prouvent que tu es un digne enfant. »

18. — Robert, qui s'était levé respectueusement en voyant M. Dartigues, paraissait tout confus de sa bienveillante opinion, et ne savait comment le remercier de ses bontés.

19. — Charles, qui vit son embarras, l'engagea à descendre lui chercher son chien, qu'il n'avait pas vu de la journée, mais dans son trouble, au lieu de se diriger vers la porte de sortie, il ouvrit un placard comme pour y entrer, ce qui fit rire Charles de bien bon cœur.

20. — Le pauvre Robert, tout contrarié de sa distraction, s'excusa du mieux qu'il put, et se hâta de descendre pour aller chercher le chien de Charles qu'il ne connaissait pas encore.

21. — Au moment où Mme Duval allait continuer son récit, elle s'aperçut tout-à-coup que ses fils étaient très-négligés dans leur toilette.

22. — Leurs cheveux étaient en désordre, leurs vêtements tachés d'encre et leur visage et leurs mains fort malpropres.

23. — Ne vous ai-je pas dit souvent, mes chers étourdis, que la propreté est une condition indispensable pour conserver la santé, et une preuve de respect pour ceux avec qui nous vivons.

24. — En effet, chers enfants, si nous allons faire une visite à des parents, à des supérieurs, nous nous assurons, avant de sortir, que notre toilette est convenable, car ce serait manquer d'égards et de respect d'oser se présenter chez eux les vêtements déchirés et les cheveux en désordre.

25. — Par exemple, aujourd'hui, à qui manquez-vous de respect en vous présentant aussi négligés devant moi ?

26. — Gustave et Gaston baissèrent les yeux et répondirent avec confusion : « C'est à vous, chère mère, mais nous vous promettons de ne plus oublier ainsi le respect que nous vous devons. »

27. — Vous savez, reprit Mme Duval, qu'une faute avouée est à moitié pardonnée, surtout lorsque la résolution de ne plus la commettre est sincère.

28. — De même que lorsqu'il s'agit d'ordre, Louise est déjà assez grande pour faire à votre égard sa petite inspection de propreté, avant que vous vous réunissiez pour entendre l'histoire de Robert.

29. — Pourvu que mes frères consentent à m'écouter, chère maman, je ne demande pas mieux que de leur rendre ce petit service, et ce sera à charge de revanche, dit-elle, en regardant Gustave et Gaston avec malice.

30. — Oui, oui, chère petite sœur, nous t'écouterons, afin de ne plus faire de peine à notre bonne mère, et de ne plus l'interrompre si souvent dans son récit. »

QUESTIONS :

1. — Que fit Charles après la visite du médecin ?

2. — Comment se nommait la femme armée d'une hache et qui arrachait un étendard ?

3. — Quelle question fit Robert à Charles après son explication ?

4. — Qu'est-ce que Charles avait oublié ?

5. — Quelle explication donna-t-il à Robert ?

6. — Qu'est-ce que pensa Charles après les explications un peu longues données à Robert ?

7. — Que demanda encore Robert à Charles, après avoir regardé un autre sujet de l'album ?

8. — Que lui répondit Charles ?

9. — Comment se nommait le guerrier qui se tenait debout devant Bayard mourant ?

10. — Pourquoi le connétable de Bourbon s'était-il arrêté devant Bayard ?

11. — Que lui répondit ce vaillant chevalier, surnommé sans peur et sans reproches ?

12. — Quelle réflexion Robert fit-il à Charles ?

13. — Quelle promesse lui fit Charles ?

14. — Quelle exclamation fit Robert et quelle question fit-il encore à Charles ?

15. — Dites ce que lui répondit Robert ?

16. — Quelle nouvelle exclamation Robert laissa-t-il échapper encore et quel désir exprima-t-il ?

17. — Que dit M. Dartigues au jeune apprenti, après avoir entendu ses paroles ?

18. — Qu'est-ce que Robert avait fait en voyant entrer M. Dartigues ?

19. — Que fit Charles en voyant l'embarras de Robert ?

20. — Que fit Robert, contrarié de sa distraction au sujet de sa sortie de la chambre?

21. — De quoi s'aperçut Mme Duval au moment où elle allait continuer son récit ?

22. — Dites dans quel état étaient les cheveux, le visage et les mains des fils de Mme Duval ?

23. — Qu'est-ce que Mme Duval avait dit souvent à ses enfants ?

24. — Que faisons-nous lorsque nous allons rendre visite à des parents ou à des supérieurs ?

25. — A qui les fils de Mme Duval manquaient-ils de respect en se présentant aussi malpropres devant elle ?

26. — Que répondirent Gustave et Gaston à leur mère ?

27. — Que leur expliqua Mme Duval ?

28. — Que dit-elle à sa fille Louise ?

29. — Que répondit Louise ?

30. — Quelle assurance ses frères lui donnèrent-ils ?

§ XVIII.

Le Chien de garde.

1. — Robert, avons-nous dit déjà, chers enfants, était très-distrait, et, sans réfléchir que le chien de Charles pouvait ne pas être celui qu'il avait vu dans une niche à l'entrée du château, il se dirigea de ce côté.

2. — En approchant de l'énorme animal, attaché par une chaîne, il provoqua des aboiements terribles, parce que le chien ne le connaissait pas encore.

3. — Heureusement pour Robert, un domestique croyant que c'était un visiteur qui arrivait, vint pour le recevoir et aperçut l'apprenti qui s'approchait de *Turc* (c'était le nom du chien); il n'eut que le temps de lui crier de ne pas avancer.

4. — Lorsqu'il fut près de Robert, il lui demanda pourquoi il excitait ainsi le chien sans motif, ce qui ne pouvait que le rendre plus méchant.

5. — « Mais, répondit l'apprenti, je suis venu le chercher pour le conduire dans la chambre de M. Charles, qui désire le voir.

6. — » Comment, M. Charles veut voir *Turc;* ce n'est pas possible, car il sait bien que jamais il ne quitte sa niche pour entrer dans les appartements.

7. — » Pourtant, reprit Robert, il m'a bien dit de descendre pour aller lui chercher son

chien, et, comme je n'en ai point vu d'autre encore, j'ai cru que c'était celui-ci qu'il voulait voir.

8. — » Ah ! dit le domestique, c'est de *Bianco,* son petit chien havanais, dont il a voulu parler et celui-là ne ressemble guère à *Turc,* car il est aussi petit que celui-ci est gros, et aussi doux que l'autre est méchant.

9. — » Si je n'étais pas arrivé assez tôt pour vous prévenir, *Turc* aurait pu vous mordre et vous faire beaucoup de mal.

10. — » Rappelez-vous, mon garçon, qu'il est toujours très-imprudent de s'approcher d'un chien de garde, surtout quand on n'est pas de la maison. »

11. — Robert remercia l'obligeant domestique, et le pria de lui indiquer où il pourrait trouver le petit chien que demandait M. Charles.

12. — » C'est sans doute près de Marthe, la femme de charge, que nous le trouverons ; c'est elle qui le soigne, et je vais vous conduire à la lingerie, où elle se tient le plus souvent. »

13. — Robert suivit le domestique, et fut bientôt introduit dans une grande pièce carrée, toute garnie de rayons couverts de linge, ce qui surprit beaucoup notre apprenti, qui n'avait jamais vu une si grande quantité de draps, de nappes, de serviettes, etc.

14. — La femme de charge, nommée Marthe, était une bonne personne, qui avait

élevé Charles, et en qui M. Dartigues avait la plus grande confiance, bien justifiée du reste, par son attachement et son dévouement à ses maîtres.

15. — En voyant entrer Robert, qu'elle avait installé elle-même près de Charles, elle s'empressa de lui demander ce que désirait le cher malade.

16.— Le domestique répondit pour Robert, et raconta comment il l'avait surpris au moment où, sans défiance, il s'approchait de *Turc*, croyant que c'était le chien que désirait M. Charles.

17. — « Ah! mon Dieu, s'écria Marthe, nous aurions eu un second accident à déplorer s'il avait mordu ce brave enfant, et, pour ma part, j'en aurais été bien fâchée, dit-elle, en regardant Robert, dont la figure franche et honnête lui plaisait beaucoup.

18. — » Vous allez voir, reprit-elle, comme vous vous seriez trompé en prenant *Turc* pour *Bianco*: et, en disant cela, elle désigna une corbeille dans laquelle dormait un joli petit chien tout blanc.

19. — « Celui-ci ne vous fera pas de mal, soyez tranquille, et si vous le caressez, il vous aimera bien vite aussi et vous rendra vos caresses. »

20. — Robert, pensant que M. Charles devait trouver qu'il était bien longtemps pour lui rapporter son chien, prit le petit *Bianco* des mains de Marthe, sans oublier de la re-

mercier, et se hâta de retourner dans la chambre de Charles.

21. — Ce dernier, qui ne comprenait pas le retard de Robert, avait prié son père d'aller s'assurer de ce qu'il était devenu. M. Dartigues avait su qu'il s'était dirigé du côté de la porte de sortie où *Turc* était de garde, et, tout naturellement, il avait supposé qu'il était retourné chez son patron, ce qu'il l'étonnait beaucoup de la part de notre apprenti.

22. — M. Dartigues avait communiqué ses craintes à Charles, lorsque Robert parut, tenant le petit *Bianco* dans ses bras.

23. — « Ah ! le voici, s'écria Charles; mais où donc est-tu allé te promener ? Est-ce que, par hasard, *Bianco* s'était sauvé à la ferme, comme cela lui arrive quelquefois ? »

24. — Robert allait répondre, lorsqu'on entendit un grand bruit et des gens qui criaient : « Arrêtez-le, pour qu'il ne sorte pas du parc; n'ayez pas peur. »

25. — Mme Duval s'interrompit, à la grande surprise de son petit auditoire, se rappelant tout-à-coup qu'elle avait oublié de faire des reproches à ses fils, qui s'étaient montrés plus négligents que de coutume pour faire leurs devoirs le matin.

26. — Mes enfants, leur dit-elle, que vous ai-je recommandé souvent de mettre dans votre cœur à la place de la paresse qui vous domine malheureusement trop souvent ?

27. — L'amour du travail, répondit Gaston, qui se souvenait des leçons de sa mère.

28. — Pourrais-tu me dire quelque chose pour me prouver ce que tu entends par le travail ?

29 — Le travail, chère maman, c'est l'obligation imposée à l'homme par la volonté de Dieu, et qui consiste pour chacun à remplir tous les devoirs de son âge et de son état.

30. — Le paresseux est celui qui ne veut rien faire ; il est un fardeau pour la société et Dieu ne le bénit pas.

31. — Je comprends bien cela, reprit Gustave, pour ceux qui font des choses utiles aux autres ; mais nous, notre travail ne profite à personne ?

32. — Comment, chers enfants, il ne profite à personne ! mais c'est votre travail qui vous prépare à devenir utiles aux autres, lorsque vous serez plus grands, et, si vous perdez le temps en vous abandonnant à la paresse dans votre enfance, vous ne serez un jour que des êtres nuls et incapables de grandes et belles actions.

33. — Travaillez donc, enfants, si vous voulez être heureux. Et puis, à un autre point de vue, l'étude est plutôt l'exercice de l'intelligence qu'un travail, de même que la gymnastique et vos jeux si bruyants sont l'exercice du corps.

34. — Les enfants se jetèrent au cou de leur bonne mère, à laquelle ils promirent de

chasser si loin la paresse de leur cœur qu'elle ne pourrait plus y rentrer.

QUESTIONS :

1. — Que fit Robert sans réfléchir pour aller chercher le chien de Charles ?

2. — En s'approchant de la niche du chien de garde, que provoqua l'apprenti ?

3. — Qu'arriva-t-il, heureusement pour Robert ?

4. — Que lui demanda le domestique lorsqu'il fut près de Robert ?

5. — Que lui répondit l'apprenti ?

6. — Quelle réflexion lui fit le domestique ?

7, — Quelle explication lui donna Robert ?

8. — Comment le domestique lui fit-il comprendre son erreur ?

9. — Que serait-il arrivé à l'apprenti si le domestique ne l'avait pas prévenu de s'éloigner de *Turc* ?

10. — A quoi le domestique l'engagea-t-il ?

11. — Que demanda Robert à l'obligeant domestique après l'avoir remercié ?

12. — Que lui répondit ce domestique ?

13. — Où Robert fut-il introduit par le domestique, et que remarqua-t-il dans une grande salle ?

14. — Comment se nommait la femme de charge et qui avait-elle élevé ?

15. — En voyant entrer Robert dans la lingerie, que lui demanda-t-elle ?

16. — Qui répondit pour Robert, et raconta son imprudence avec *Turc?*

17. — Quelle réflexion fit la bonne Marthe?

18. — Où le petit chien havanais dormait-il ?

19. — Que dit Marthe à Robert avant de lui confier *Bianco?*

20. — Que fit Robert en pensant que Charles devait être inquiet de sa longue absence ?

21. — Charles comprenait-il le retard de Robert, et qu'avait-il demandé à son père ?

22. — Quand Robert entra-t-il dans la chambre de Charles et que pensait M. Dartigues ?

23. — Que lui demanda Charles en le voyant entrer avec *Bianco?*

24. — Au moment où Robert allait répondre, quel bruit se fit entendre au dehors ?

25. — De quoi se souvint Mme Duval avant de continuer son récit ?

26. — Que demanda-t-elle à ses deux fils?

27. — Que répondit Gaston ?

28. — Quelle question lui fit sa mère ?

29. — Comment Gaston expliqua-t-il ce qu'on entend par le travail ?

30. — Qu'est-ce qu'un paresseux?

31. — Quelle réflexion fit Gustave ?

32. — Quelle explication lui donna sa mère ?

33. — Quels conseils Mme Duval donna-t-elle à ses enfants ?

34. — Que firent les trois enfants pour remercier leur bonne mère ?

§ XIX.

Le Cheval échappé.

1. — Comme nous l'avons déjà remarqué plusieurs fois, chers enfants, dit Mme Duval, Robert n'était pas peureux, et il demanda tout de suite à M. Dartigues la permission d'aller connaître la cause de tout le bruit qu'on entendait.

2. — M. Dartigues se hâta de le lui permettre, et Charles lui recommanda de ne pas rester aussi longtemps que pour aller chercher *Bianco,* qu'il garda près de lui.

3. — Robert sortit avec M. Dartigues, également impatient de savoir ce qui provoquait les cris de ses domestiques, et bientôt il apprit qu'il s'agissait d'un jeune cheval échappé qui s'était précipité dans le parc, où il menaçait de saccager toutes les fleurs des parterres, si personne ne pouvait l'arrêter dans sa course affolée.

4. — Notre jeune apprenti s'élança aussitôt dans la direction où avait disparu le cheval,

et, en prenant une petite allée de traverse, il l'aperçut au moment où il allait sauter dans le plus joli massif de fleurs.

5. — Alors, avec une hardiesse qui fit l'admiration de tous ceux qui couraient après la bête, il s'élança à sa rencontre en agitant les bras, en criant : « Holà ! holà ! » et, au moment où l'animal s'arrêtait surpris, il se précipita sur la longe qui traînait à terre et réussit à le maintenir jusqu'à ce qu'on vînt à son aide.

6. — Tous les assistants félicitèrent l'ap-

prenti de son courage et de son sangfroid, et M. Dartigues s'applaudit, une fois de plus, d'avoir fait connaître un si brave enfant à son fils.

7. — Robert, à qui Charles avait recommandé de revenir le plus tôt possible, retourna près de lui, en racontant simplement que c'était un cheval qui s'était échappé de l'écurie, et qu'on avait eu de la peine à l'empêcher de faire des dégâts dans les parterres.

8. — Il se garda bien de parler de la preuve de courage qu'il avait donnée à tous les domestiques, dont aucun n'avait osé se jeter à la tête du cheval.

9. — Pour amuser Charles, l'apprenti lui raconta ce que nous avons lu dans le chapitre précédent, au sujet de l'erreur qu'il avait commise en croyant que le gros chien de garde *Turc* était celui qu'il désirait voir.

10. — Robert le pria de lui expliquer aussi ce qu'on entendait par chien havanais, car il n'avait pas connaissance de ce nom avant de venir au château.

11. — « Mais, répondit Charles, c'est une espèce de petits chiens, blancs et frisés, qu'on désigne ainsi parce qu'ils sont originaires de la Havane, capitale de l'île de Cuba, la plus grande des Antilles, qui forment un archipel considérable dans l'Océan atlantique. »

12. — La Havane, capitale de l'île de Cuba, les Antilles, l'archipel, l'Océan atlantique

et tous ces noms, étaient aussi nouveaux pour Robert que celui dont il avait demandé l'explication à Charles.

13. — Ce dernier, qui vit son étonnement, lui promit de les lui faire mieux comprendre lorsqu'ils étudieraient la géographie ensemble.

14. — « Oh! dit Robert, je vois bien, monsieur Charles, que j'ai trop de choses à apprendre, et je n'aurai jamais le courage de travailler assez pour être aussi savant que vous.

15. — » Que parles-tu de manquer de courage, dit M. Dartigues, qui venait d'entendre les dernières paroles de Robert, toi qui viens d'en donner une telle preuve?

16. — » Quelle preuve demanda Charles, en s'apercevant que Robert était devenu tout rouge en voyant M. Dartigues?

17. — » Comment, Robert ne t'a pas raconté que c'est lui qui s'est élancé au devant du cheval pour l'arrêter, au risque de se faire renverser et blesser?

18. — » Mais, monsieur, reprit Robert, ce n'était pas la peine; le bon curé qui m'a mis en apprentissage, m'a toujours dit qu'il ne fallait pas se vanter de ce qu'on faisait de bien, car c'était en détruire le mérite.

19. — » Très-bien, mon garçon; ce bon curé était un excellent maître, et tu as bien fait de ne pas oublier d'aussi bonnes leçons.

20. — » En effet, continua M. Dartigues en se retournant vers son fils, ne jamais tirer vanité de ses bonnes actions, reconnaître le mérite des autres, se dérober aux éloges, au lieu de les rechercher, voilà ce qu'on appelle la modestie, vertu qui double toujours le prix du vrai mérite. »

21. — Pendant que Charles écoutait son père avec beaucoup d'attention, on vint prévenir que le dîner était servi, et, pour la première fois depuis son accident, Charles put se mettre à table, après avoir demandé à son père que Robert fût placé près de lui.

22. — En parlant de dîner, dit Mme Duval, en s'interrompant, je remarque, chers enfants, que vous soignez bien peu vos dents, ces premiers instruments de la digestion.

23. — Celles de Gustave surtout sont fort négligées, ce qui n'est pas le moyen de les conserver longtemps en bon état.

24. — Vous savez, chers enfants, que l'altération la plus commune des dents est due à la présence d'une matière appelée tartre, qui les enveloppe, se durcit, use l'émail et détermine la carie.

25. — Je vous ai déjà dit qu'on évitait, pour les dents, cette cause de destruction, en se rinçant la bouche avec de l'eau fraîche après chaque repas.

26. — Et, matin et soir, il faut en outre les frotter avec une brosse saupoudrée de craie précipitée.

27. — Mais chère maman, dit Louise, je

croyais qu'il suffisait de se servir de la brosse le matin ?

28. — Non, ma fille, car c'est le soir qu'après les repas de la journée, il peut rester quelque corps étranger entre vos dents, que la brosse seule peut enlever.

29. — Qu'arriverait-il si vous vous couchiez sans prendre cette précaution : dans la nuit, ce corps étranger s'altèrerait, et vous donnerait le matin une haleine fort désagréable.

30. — Combien de personnes je pourrais vous citer, mes enfants, qui ont perdu leurs dents très-jeunes encore, par défaut de soin, et qui regrettent, mais trop tard, de n'avoir pas suivi les préceptes d'une bonne hygiène, c'est-à-dire de l'art de conserver la santé de notre corps dans toutes ses parties.

31. — Et puis, dit Gaston, quand les dents sont gâtées, et qu'elles font trop souffrir, il faut les faire arracher ou les faire plomber, ce qui n'est guère plus agréable l'un que l'autre.

32. — Décidément, ajouta Gustave, il vaut mieux suivre les conseils de notre bonne mère et ne plus mériter le reproche qui nous a valu l'interruption de ce soir.

QUESTIONS :

1. — Robert était-il peureux ? Que demanda-t-il à M. Dartigues ?

2. — Que lui recommanda Charles avant de le laisser quitter sa chambre ?

3. — Quelle était la cause du bruit que M. Dartigues avait entendu?

4. — Que fit le jeune apprenti en apprenant qu'un cheval s'était échappé?

5. — Quel fut le trait de hardiesse de Robert qui provoqua l'admiration des personnes qui poursuivaient le cheval?

6. — De quoi s'applaudit M. Dartigues une fois de plus?

7. — Où retourna Robert et que raconta-t-il à Charles?

8. — Lui parla-t-il de la preuve de courage qu'il avait donnée en arrêtant le cheval?

9. — Que dit Robert à Charles pour l'amuser?

10. — Qu'est-ce que l'apprenti le pria de lui expliquer?

11. — Quelle fut la réponse de Charles?

12. — Quels étaient les noms aussi nouveaux pour Robert que celui dont il avait demandé la signification à Charles?

13. — Que lui promit Charles en voyant son étonnement?

14. — Quelle réflexion Robert fit-il à Charles avec découragement?

15. — Que lui dit M. Dartigues en entendant ses paroles?

16. — Quelle question Charles fit-il à son père en voyant le trouble de Robert?

17. — Que lui répondit M. Dartigues?

18. — Quel conseil de son bienfaiteur le curé, Robert cita-t-il ?

19. — Quelle fut la réponse de M Dartigues ?

20. — Quelle définition de la modestie le père de Charles lui donna-t-il ?

21. — Qu'arriva-t-il pendant que Charles écoutait son père avec attention ?

22. — Quel reproche Mme Duval fit-elle à ses enfants ?

23. — Que dit-elle à Gustave particulièrement ?

24. — A quoi est due l'altération la plus commune des dents ?

25. — Comment évite-t-on pour les dents cette cause de destruction ?

26. — Que faut-il faire matin et soir pour soigner ses dents ?

27. — Quelle réflexion fit Louise ?

28. — Que lui répondit sa mère ?

29. — Qu'arriverait-il si le soir on n'avait pas la précaution de se brosser les dents ?

30. — Quelles sont les personnes qui perdent leurs dents très-jeunes encore ?

31. — Que dit Gaston à son frère et à sa sœur ?

32. — Qu'ajouta Gustave à la réflexion de son frère ?

§ XX.

Récit d'un vieillard.

1. — Le médecin ayant déclaré que Charles pouvait sortir en voiture, M. Dartigues consentit à le conduire avec Robert à une fête de village, aux environs du château.

2. — Comme c'était un dimanche, on se rendit d'abord à l'église pour assister à la messe, et remercier Dieu de la prompte guérison de Charles, après un accident qui pouvait avoir de si tristes conséquences, en le laissant estropié pour toute la vie.

3. — Après le déjeuner, les préparatifs furent bientôt faits, et, avec toute la gaieté de leur âge, Charles et l'apprenti prirent place près de M. Dartigues dans une voiture découverte.

4. — C'était un beau jour de printemps; le soleil radieux brillait sur un paysage charmant; d'un côté, une rivière serpentait formant de gracieux méandres dans les prairies; d'un autre, des coteaux couverts de bois, et çà et là quelques habitations entourées de beaux jardins.

5. — Robert, qui parcourait cette route pour la première fois, accablait Charles de questions, soit sur le nom de la rivière, soit sur celui des villages qui s'offraient à ses regards, et celui-ci, aidé de son père, se faisait un plaisir de lui répondre, charmé de l'attention de son élève.

6. — Au moment de monter une côte assez raide, le cocher ralentit l'allure des chevaux, et Robert aperçut, sur le bord de la route, un vieillard qui paraissait très-fatigué et qui était assis sur une caisse assez volumineuse.

7. — Il le fit aussitôt remarquer à Charles, en lui disant qu'il voudrait bien être le maître de la voiture, pour pouvoir y faire monter ce pauvre voyageur.

8. — Avant de lui rendre ce service, reprit M. Dartigues, il faut d'abord lui demander de quel côté il se dirige, car il se peut que ce

soit d'où nous venons, et alors le temps ne nous permettrait pas de retourner, à moins de renoncer à la fête.

9. — Aussitôt, M. Dartigues fit arrêter la voiture, et le vieillard interrogé lui répondit qu'il se rendait à une fête de village qui se trouvait justement celle que les trois promeneurs allaient voir.

10. — « Un voisin, dit-il, m'avait promis une place sur sa carriole, pour m'aider à porter toute ma richesse, renfermée dans cette caisse; mais il est parti sans me prévenir, et j'ai dû me mettre en route à pied.

11. — »Eh! bien, reprit M. Dartigues, nous nous rendons précisément à cette fête, et nous serons heureux de remplacer le voisin qui vous a manqué de parole; n'est-ce pas mes enfants, ajouta-t-il, en s'adressant à Charles et à Robert. »

12. — Le vieillard, touché de tant de bonté, ne savait comment remercier M. Dartigues, et en un instant il fut installé dans la voiture et sa caisse placée près du cocher.

13. — M. Dartigues prit de là occasion de faire remarquer à Charles et à Robert que Dieu place toujours sur notre route le bien qu'il veut que nous fassions.

14. — Il leur expliqua que nous ne sommes que des instruments entre ses mains, et que notre seul mérite, en faisant le bien qu'il nous demande, c'est d'être soumis à sa sainte volonté.

15. — « Mais, cher père, reprit Charles, il me semble qu'on ne peut pas faire toujours tout le bien que Dieu nous demande ?

16. — » Du moins, cher enfant, on fait ce qu'on peut, dans la mesure de ses moyens ; on donne peu si l'on ne peut donner beaucoup, et, si l'on est pauvre soi-même, on peut encore faire le bien avec un bon conseil, une parole de consolation, et même avec un sourire compatissant qui ranime l'espoir de celui qui souffre.

17. — » Ah ! monsieur, reprit le vieillard, que les sages conseils de M. Dartigues avait ému, que ne pouvez-vous être entendu de tous ceux qui concourent à l'éducation de la jeunesse, et qui trop souvent, s'occupent beaucoup plus d'orner l'esprit que de former le cœur à la pratique des vertus chrétiennes.

18. — » Hélas ! dit-il avec un soupir, c'est sans doute parce que j'ai trop oublié dans ma jeunesse les leçons de mes chers parents, que la main de Dieu s'est appesantie sur moi dans ma vieillesse.

19. — » En une seule nuit, j'ai vu le feu détruire une fortune que j'avais acquise avec beaucoup de peine, et en me montrant indifférent et même dur avec ceux de ma famille qui n'étaient pas heureux.

20. — » J'en suis cruellement puni puisqu'à l'âge où les forces épuisées ne permettent plus de supporter les fatigues du travail, je suis obligé de faire un petit commerce pour

ne rien demander à ceux envers qui je me suis montré si égoïste.

21. — » C'est dans la librairie que j'étais parvenu à réaliser une honnête aisance ; aussi les grandes maisons qui me fournissaient depuis trente ans, ont-elles consenti à me donner quelques bons livres qui sont renfermés dans cette caisse, et que je portais vendre à la fête du village, lorsque j'ai eu le bonheur de vous rencontrer. »

22. — Charles et Robert auraient bien voulu pouvoir ouvrir tout de suite la caisse, pour examiner les livres et savoir s'ils étaient sérieux ou amusants.

23. — Mais il fallait attendre qu'on fût arrivé au village, et le vieillard, qui comprit leur impatiente curiosité, leur dit que sa caisse renfermait plusieurs genres d'ouvrages, dont quelques-uns destinés aux campagnes, comme *Petit-Jean* (1); *Petit-Pierre* ou le *Bon Cultivateur* (2) ; *Entretiens sur l'hygiène à l'usage des campagnes* (3).

24. — M. Dartigues leur promit qu'en arrivant au village, lorsque le bon vieillard aurait terminé son étalage de livres, ils iraient faire un choix de ceux qui leur plairaient le plus, afin de lui porter bonheur.

25. — « Justement, dit Charles à son père,

(1) *Petit-Jean,* par M. C. Jeannel.

(2) *Petit-Pierre,* par M. Calemard de La Fayette.

(3) *Entretiens sur l'hygiène*, par le Dr Descieux.

Robert désire une *Histoire de France*, et, s'il y en a une, son choix sera bientôt fait.

26. — On approchait du village où la fête avait lieu ; déjà le bruit des instruments discordants des parades des saltimbanques arrivait jusqu'aux promeneurs, lorsqu'un embarras de charrettes, de petites boutiques et une foule d'habitants des villages voisins empêchèrent la voiture d'avancer...

27. — Les livres de ce vieillard, dit Mme Duval en s'interrompant, me rappellent que j'ai des reproches à vous adresser encore, chers enfants, à mon grand regret.

28. — Que vous ai-je recommandé souvent au sujet des livres qu'on a la bonté de vous prêter ?

29. — De les rendre aussitôt après les avoir lus, répondit Gustave, et d'en avoir grand soin, en les couvrant, pour ne pas les salir avec la chaleur des mains.

30. — Très-bien ; d'où vient donc alors que j'ai trouvé dans votre salle de travail, sans être couvert et très-abîmé, ce beau volume de l'*Histoire de Jeanne d'Arc* que vous a prêté votre cousine depuis si longtemps ?

31. — C'est que, répondit Gaston avec embarras, nous avons oublié de le rendre, chère maman, et aussi de le couvrir, comme vous nous l'avez recommandé tant de fois.

32. — C'est une faute que commettent, en général, toutes les personnes peu soigneuses

auxquelles on prête des livres ; elles négligent de les rendre ; ceux qui les ont prêtés oublient de les réclamer, et, bref, perdent ainsi leurs meilleurs ouvrages.

33. — Pour vous punir d'avoir si peu soigné le livre de votre cousine, vous en achèterez un autre exemplaire sur votre petite bourse ; et le volume taché que vous garderez vous empêchera, peut-être, d'oublier si vite mes conseils.

34. — Soyez-en bien certaine, chère maman ; cette fois, la leçon sera profitable, et nous n'oublierons plus désormais de rendre en bon état les livres qu'on aura eu l'obligeance de nous prêter.

QUESTIONS :

1. — A quoi consentit M. Dartigues lorsque le médecin eut permis à Charles de sortir en voiture ?

2. — Pourquoi se rendit-on d'abord à l'église ?

3. — Que firent Charles et Robert après le déjeuner ?

4. — Faites la description de la route que parcoururent M. Dartigues et les deux enfants ?

5. — Que faisait l'apprenti qui voyait cette route pour la première fois ?

6. — Au moment de monter une côte rapide, qui Robert aperçut-il assis sur la route?

7. — Quelle réflexion fit-il à Charles en lui faisant remarquer un vieillard paraissant très-fatigué ?

8. — Que répondit M. Dartigues à la place de Charles ?

9. — Que fit M. Dartigues et quelle explication lui donna le vieillard qu'il interrogea ?

10. — Qui lui avait promis une place sur sa carriole pour y charger sa caisse ?

11. — Que dit M. Dartigues au vieillard ?

12. — Où le vieillard fut-il installé et où plaça-t-on sa caisse ?

13. — Qu'est-ce que M. Dartigues fit remarquer à Charles et à Robert ?

14. — Que leur expliqua-t-il encore ?

15. — Quelle réflexion fit Charles au sujet du bien que Dieu nous demande ?

16. Quelle explication lui donna son père et quels moyens lui indiqua-t-il pour faire le bien ?

17. — Que dit le vieillard ému des sages conseils de M. Dartigues à son fils ?

18. — Quel aveu pénible fit le vieillard en parlant de sa jeunesse ?

19. — Comment avait-il perdu sa fortune, et envers qui s'était-il montré dur et égoïste ?

20. — Pourquoi était-il cruellement puni ?

21. — Dans quel commerce le vieillard avait-il fait sa fortune ?

22. — Qu'est-ce que Charles et Robert auraient bien voulu pouvoir ouvrir et pourquoi ?

23. — Que comprit le vieillard et que leur dit-il ?

24. — Que promit M. Dartigues lorsque le vieillard aurait fait son étalage de livres ?

25. — Quelle réflexion fit Charles au sujet de Robert ?

26. — Qu'est-ce qui s'entendait de loin, et pourquoi la voiture de M. Dartigues ne pouvait-elle pas avancer ?

27. — Que dit Mme Duval à ses enfants en s'interrompant ?

28. — Quelle question leur fit-elle ?

29. — Que répondit Gustave ?

30. — Que demanda-t-elle encore à ses enfants ?

31. — Quelle réponse lui fit Gaston ?

32. — Quelle faute commettent en général les personnes peu soigneuses auxquelles on prête des livres ?

33. — Quelle punition Mme Duval imposa-t-elle à ses enfants pour n'avoir pas soigné le livre de leur cousine ?

34. — Quelle promesse ses enfants lui firent-ils ?

§ XXI.

Une Fête de village.

1. — Ainsi que nous l'avons vu précédemment, reprit Mme Duval, le cocher avait eu beaucoup de peine à faire avancer la voiture de M. Dartigues et à trouver une écurie pour les chevaux, tant les auberges du village étaient encombrées de voyageurs attirés par la fête ordinairement fort animée.

2. — En descendant de voiture, M. Dartigues, Charles et Robert se séparèrent du marchand de livres, en lui promettant d'aller le voir lorsqu'il serait installé sur la place de la fête.

3. — Les boutiques de pain d'épice, de bonbons et de jouets d'enfants ne fixèrent pas l'attention de Charles et de Robert, qui n'étaient pas gourmands et plus assez petits pour aimer les jouets.

4. — Ils s'arrêtèrent cependant quelques instants devant un jeu d'adresse qui s'appelle tirer aux macarons, et devant lequel un groupe de petits enfants du village se pressaient, en tendant leur cinq centimes au marchand pour avoir le droit de tirer.

5. — Robert fit remarquer à Charles un gentil et jeune enfant qui se tenait tristement derrière les autres sans avancer, probablement parce qu'il n'avait pas la petite pièce de monnaie nécessaire.

6. — Charles s'approcha, et lui demanda pourquoi il ne tirait pas, comme les autres petits garçons, pour gagner des macarons.

7. — Mais, monsieur, répondit-il avec tristesse, c'est parce que je n'ai pas d'argent.

8. — Charles demanda à son père la permission de payer pour lui faire gagner quelques douzaines de macarons, collés sur une grande feuille de papier.

9. — M. Dartigues fut charmé de la bonne pensée de son fils, et le cher petit put s'approcher à son tour, ce qui fit disparaître bien vite la tristesse peinte sur son joli visage.

10. — Quand il se vit en possession de plusieurs douzaines de macarons, il ne sut plus contenir sa joie et s'écria : « Comme Lisette va être contente ! »

11. — Lisette était sa petite sœur, et ce bon petit frère avait pensé à lui porter, tout de suite, les macarons qu'il devait à la bonté de ces messieurs.

12. — En interrogeant les autres garçons du village, M. Dartigues apprit que ce bon petit garçon, qui se nommait Paul, était fils d'une pauvre veuve bien malheureuse.

13. — Il lui demanda s'il voulait le conduire, avec Charles et Robert, où demeuraient sa mère avec sa sœur, et l'enfant, tout joyeux, leur montra immédiatement le chemin.

14. — La pauvre chaumière de la veuve Fromont était située en dehors du village,

assez loin de la place de la fête ; mais Charles et Robert étaient si contents du bonheur de Paul, qu'ils ne songeaient plus à ce qu'ils laissaient derrière eux.

15. — En voyant arriver son petit garçon avec ces beaux messieurs de la ville, la pauvre mère ne savait que penser ; bientôt elle fut au courant de leur bonne action, et appela sa petite Lisette, charmante enfant de quatre ans, qui reçut les macarons de son frère avec toute la joie de son âge.

16. — La veuve Fromont avait aussi son vieux père à soutenir, et M. Dartigues apprit que c'était un ancien marin qui avait fait de pénibles campagnes dans des îles lointaines.

17. — Elle lui montra, en l'absence de son père, les états de services du vieux marin, et M. Dartigues promit de s'intéresser à ce brave homme, pour tâcher de lui faire obtenir des secours du gouvernement.

18. — Que de bénédictions accueillirent cette bonne promesse de M. Dartigues, et comme la pauvre veuve regrettait que son père fût absent. Elle appela ses deux enfants pour le remercier encore, car déjà ils étaient occupés à jouer au marchand de macarons, ce qui amusait beaucoup Charles et Robert, pendant que M. Dartigues causait avec leur mère.

19. — De retour du côté de la fête, Charles et Robert se rappelèrent leur promesse au vieillard qu'ils avaient rencontré sur la route,

et bientôt ils arrivèrent près de son modeste étalage.

20. — En les apercevant, un sourire éclaira le visage pâle et souffrant du vieillard, et il ne put s'empêcher de leur dire : « Oh ! je vous croyais repartis, et je vous demande pardon d'avoir eu cette méchante pensée.

21. — » Comment, dit M. Dartigues, vous nous aviez jugés capables d'oublier notre promesse ?

22. — » C'est mal, j'en conviens, répondit le vieillard ; mais, quand on a beaucoup souffert on craint toujours que le bonheur qu'on rencontre sur sa route ne vous échappe. »

23. — Comme on ne doit jamais se vanter du bien qu'on fait, M. Dartigues ne parla pas au vieillard de la rencontre du petit Paul ni de la visite à sa mère.

24. — Charles choisit, avec la permission de son père, une *Histoire de France* illustrée pour Robert, indépendamment des excellents livres dont le marchand leur avait parlé dans la voiture. M. Dartigues fit aussi un choix de petits livres de piété, qu'il destinait aux enfants de l'école communale de sa localité.

25. — Le vieillard ne savait comment remercier assez M. Dartigues de sa générosité ; il lui dit qu'il avait retrouvé le voisin qui s'était excusé de lui avoir manqué de parole, et avait promis de le ramener à la ville.

26. — « Tout est donc pour le mieux, ajouta-t-il, et il me reste à remercier Dieu de cette

bonne journée, qui est la première heureuse depuis tous mes malheurs.

27. — Espérons, dit M. Dartigues, qu'elle ne sera pas la dernière; » et il prit congé du vieillard, avec Charles et Robert, non sans lui avoir promis de s'arrêter chez lui lorsqu'il passerait dans la ville qu'il habitait.

28. — La journée s'était écoulée aussi rapidement que toutes celles qu'on emploie à faire de bonnes actions, et il était trop tard pour aller voir les divertissements de la soirée.

29. — Charles et Robert ne regrettaient pas de quitter la fête, car ils en emportaient des souvenirs si doux au cœur, qu'ils leur avaient fait oublier les visites dans les baraques, où s'annoncent de grandes batailles historiques, des vues des cinq parties du monde, des animaux savants, etc., malgré l'attrait que ce genre de spectacle exerce sur l'imagination des enfants.

30. — En traversant la place de la fête pour rejoindre la voiture, ils passèrent devant les enfants de l'école du village, à qui le maire avait voulu procurer gratuitement le plaisir de monter sur les chevaux de bois.

31. — La gaieté bruyante et les rires joyeux de ces enfants devenaient sympathiques autour d'eux, et parents et amis partageaient le bonheur de ces naïfs écoliers.

32. — Au moment où M. Dartigues allait partir avec Charles et l'apprenti, on vint le prévenir que quelqu'un désirait le voir et insistait beaucoup pour être reçu.

33. — C'était justement le..... A propos, dit Mme Duval en s'interrompant, les rires joyeux des enfants dont je viens de vous parler, me rappellent que j'ai encore un reproche à vous adresser au sujet de l'inconvenance que vous commettez si souvent, lorsque vous riez presque sans motif et à chaque phrase qu'on vous adresse.

34. — Vous avez cependant remarqué plus d'une fois la fâcheuse habitude de votre cousin Victor et de sa sœur Caroline, qui rient constamment pour des riens et finissent par fatiguer ceux qui les entourent.

35. — Ce qu'on peut attribuer à la légèreté et à l'étourderie de votre âge, chers enfants, devient de plus en plus ridicule avec les années, et l'on en arrive même à rire d'avance de ce qu'on va raconter, ce qui arrête toujours l'envie de rire chez ceux qui vous écoutent.

36. — Une fois que cette habitude désagréable est prise, il est bien difficile de s'en corriger, et l'on finit par ne plus s'apercevoir qu'on fatigue les autres.

37. — Enfin, s'il vous arrive parfois de rire devant une personne qui parle sérieusement, il faut toujours que vous puissiez expliquer pourquoi vous riez, autrement vous auriez l'air de manquer d'intelligence pour la comprendre ou de l'insulter par votre impertinence.

38. — Les enfants de Mme Duval avouèrent qu'ils ne s'étaient pas aperçus qu'ils riaient

ainsi à tout propos, et promirent de se corriger d'une habitude qu'ils trouvaient si ridicule et si fatigante chez les autres.

QUESTIONS :

1. — Pourquoi le cocher de M. Dartigues avait-il eu beaucoup de peine à trouver une écurie pour ses chevaux ?

2. — Que firent M. Dartigues, Charles et Robert en descendant de voiture, et que promirent-ils au marchand de livres ?

3. — Qu'est-ce qui ne fixa pas l'attention de Charles et de Robert à la fête, et pourquoi ?

4. — Devant quoi s'arrêtèrent-ils cependant, et que virent-ils ?

5. — Qui Robert fit-il remarquer à Charles ?

6. — Que demanda Charles au petit garçon qui ne tirait pas aux macarons ?

7.—Que lui répondit l'enfant avec tristesse ?

8. — Qu'est-ce que Charles demanda à son père ?

9. — Que put faire alors le pauvre petit garçon ?

10. — Quelle exclamation fit-il entendre lorsqu'il se vit en possession de plusieurs douzaines de macarons ?

11. — Dites qui était Lisette ?

12. — Qu'est-ce que M. Dartigues apprit

en interrogeant les grands garçons du village sur leur petit camarade ?

13. — Qu'est-ce que M. Dartigues demanda au petit Paul ?

14. — Où était située la pauvre chaumière de la veuve Fromont ?

15. Quel fut l'étonnement de la mère en voyant son petit Paul avec des messieurs, et qui appela-t-elle ?

16. — Qui la veuve Fromont avait-elle à soutenir, et qu'apprit M. Dartigues au sujet de son père ?

17. — Que montra-t-elle à M. Dartigues et que lui promit-il ?

18. — Qu'est-ce que regrettait la pauvre veuve, et qui appela-t-elle pour remercier M. Dartigues ?

19. — De retour du côté de la fête, qu'est-ce que Charles et Robert se rappelèrent ?

20. Qu'est-ce que leur dit le vieillard en les apercevant ?

21. — Que lui répliqua M. Dartigues ?

22. — Quelle réponse lui fit le vieillard ?

23. — Pourquoi M. Dartigues ne parla-t-il pas au vieillard de la cause de leur retard à tous trois ?

24. — Qu'est-ce que Charles choisit pour Robert dans les volumes du vieillard, et quels petits livres choisit aussi son père ?

25. — Que dit le vieillard à M. Dartigues en le remerciant de sa générosité ?

26. — Qu'ajouta le vieillard comme réflexion ?

27. — Que promit M. Dartigues avant de prendre congé de lui ?

28. — Comment s'était écoulée la journée ?

29. — Charles et Robert regrettaient-ils de quitter la fête, et qu'est-ce qui leur avait fait oublier les visites dans les baraques ?

30. — En traversant la place de la fête, devant qui passèrent-ils ?

31. — Qu'est-ce qui était partagé par les parents et amis des écoliers ?

32. — Qu'arriva-t-il au moment où M. Dartigues allait partir ?

33. — Que dit Mme Duval à ses enfants et que leur reprocha-t-elle ?

34. — Quelle était la fâcheuse habitude de leur cousin Victor et de sa sœur Caroline ?

35. — Qu'est-ce qui devient de plus en plus ridicule avec les années, et qu'est-ce qui arrête toujours l'envie de rire chez ceux qui vous écoutent ?

36. — Lorsque l'habitude de rire pour des riens est prise, est-il difficile de s'en corriger, et de quoi ne s'aperçoit-on plus ?

37. — S'il vous arrive de rire devant une personne qui parle sérieusement, que faut-il pouvoir expliquer ?

38. — Qu'est-ce que les enfants de Mme Duval avouèrent et que promirent-ils ?

§ XXII.

Robert retourne chez son patron.

1. — Je parie, disait Louise à ses frères, en attendant le récit de Mme Duval, que la personne qui désirait voir M. Dartigues était le vieux marin, père de la veuve Fromont ?

2. — C'était lui, en effet, chère enfant, reprit la maman. Ce brave marin avait été si touché du récit de sa fille, qu'il avait couru dans tout le village pour retrouver M. Dartigues et le remercier.

3. — Il était arrivé avec le petit Paul, juste au moment du départ de M. Dartigues, et, malgré ses regrets de le retarder, il avait voulu lui exprimer de vive voix sa reconnaissance, en se faisant accompagner de son petit-fils.

4. — M. Dartigues lui renouvela son désir de lui être utile, et, pour attendre le résultat de ses démarches, il lui fit accepter une petite somme afin de l'aider à élever ses chers petits enfants.

5. — Charles et Robert furent très-contents de revoir le petit Paul, qui leur demanda s'ils reviendraient bientôt, parce que tous deux avaient été bien bons pour lui.

6. — Ce compliment, si naïf, fit sourire les voyageurs, et M. Dartigues promit de revenir si le cher petit continuait à être aussi bon fils qu'il s'était montré bon frère.

7. — Pendant le trajet pour revenir au château, Robert exprima ses regrets d'être

obligé de partir le lendemain pour retourner chez son patron, et remercia M. Dartigues et Charles de la journée charmante qu'il leur devait.

8. — En effet, il avait été convenu avec M. Legrand, le menuisier, qu'aussitôt que Charles pourrait sortir en voiture, il lui ramènerait son apprenti.

9. — Ce qui consola Robert de se séparer de Charles, ce fut l'espoir de revenir, le jeudi et le dimanche, prendre des leçons avec lui, si M. Dartigues ne le remettait pas au collége, d'où il l'avait retiré pour cause de mauvaise santé.

10. — Robert parcourut, en voiture, la même route que, quelques jours avant, il avait suivie avec son oncle, et il raconta à Charles comment il avait retrouvé ce bon parent à la suite de l'incendie dont il avait été cause par sa désobéissance.

11. — Ce récit intéressa beaucoup Charles, et ce qui le frappa, ce fut la franchise de Robert, qui ne craignit pas de s'accuser d'avoir été, par sa désobéissance, cause de l'incendie de l'atelier.

12. — En arrivant chez le menuisier, Charles demanda à voir ce fameux chien arabe, *Kabyle*, dont Robert lui avait parlé, comme cause involontaire de l'incendie.

13. — Il voulut aussi visiter l'atelier où l'apprenti couchait, et il ne put s'empêcher de dire à Mme Legrand qu'elle devrait bien lui réserver une petite chambre dans laquelle

il pourrait préparer les devoirs qu'il lui donnerait à faire.

14. — La brave femme répondit que, si son mari y consentait, elle serait bien heureuse de faire ce plaisir à Robert, qui était un brave enfant qu'elle aimait comme s'il était son fils.

15. — Charles la remercia beaucoup, et, à la pensée d'avoir une petite chambre à lui tout seul, Robert ne se posséda pas de joie.

16. — Charles, ne voulant pas repartir sans voir le menuisier, qui était absent avec Benoit, demanda à Robert de travailler un peu devant lui, en l'assurant que ce serait une leçon qui, dans un autre genre, vaudrait bien une des siennes.

17. — Robert fut enchanté de pouvoir faire plaisir à Charles, qui lui témoignait tant de bonté, et il saisit le rabot de fort bonne grâce.

18. — Charles, qui s'intéressait à ce travail pour la première fois, voulut essayer d'en faire autant que Robert, mais il se trouva si maladroit qu'il vit bien qu'un apprentissage était nécessaire pour devenir ouvrier.

19. — Il dit à Robert qu'il prierait son père de lui acheter un petit établi et des outils, pour qu'il lui apprît à s'en servir avec plus d'adresse.

20. — Mais, Monsieur Charles, reprit l'apprenti, comment trouverez-vous le temps de vous occuper de menuiserie, avec tout ce que vous avez à apprendre dans vos livres?

21. — Au lieu de passer mes récréations à désobéir à mon père, dit-il, en se rappelant son accident, je m'exercerai à tes travaux, Robert, et l'esprit se reposera en exerçant le corps.

22. — Et moi, quand j'étudierai, reprit Robert, mon corps se reposera en exerçant mon esprit, n'est-ce pas, Monsieur Charles?

23. — Précisément, dit Charles, et tu as très-bien compris mon raisonnement: mais il me semble que ton patron tarde bien à revenir?

24. — Au même moment, une espèce de tumulte se fit entendre; Robert distingua les exclamations : Quel malheur! Comment faire

pour aller chercher de suite le médecin ? pauvre garçon !.. L'apprenti, dont nous connaissons le bon cœur, s'élança aussitôt hors de l'atelier pour aller s'informer du malheur qu'il redoutait, laissant Charles seul, tout étonné de son brusque départ.

25. — Bientôt, il vit revenir l'apprenti qui, de loin, lui cria : Monsieur Charles, Monsieur Charles, venez donc vite, s'il vous plaît...

26. — Allons, dit Mme Duval, c'est Louise qui me force à m'arrêter aujourd'hui, en oubliant de nouveau une recommandation faite bien souvent.

27. — Qu'avais-tu donc de si intéressant à dire à Gustave, pour lui parler à l'oreille ?

28. — Oh ! chère maman, je voulais lui demander ce qu'il pensait de la drôle d'idée de Charles, qui veut faire de la menuiserie avec Robert.

29. — Eh bien ! pourquoi n'attendais-tu pas que j'eusse fini mon récit pour faire ta réflexion tout haut à ton frère ?

30. — Que de fois déjà je vous ai dit, chers enfants, que parler à l'oreille de quelqu'un en société est une incivilité des plus grandes, de même que parler quand d'autres parlent est fort inconvenant.

31. — Il est aussi très-impoli d'interrompre la personne qui parle, ou de lui faire répéter plusieurs fois la même chose.

32. — Que de personnes ont ce défaut, qui

annonce toujours un manque d'éducation, et comme il est commun chez les enfants.

33. — La distraction, si fréquente à leur âge, les empêche souvent d'entendre la personne qui parle; c'est alors qu'on les entend dire : Hein? Qu'est-ce que vous dites? Je n'ai pas entendu, etc.

34.— Mais, avec un peu de bonne volonté, chers enfants, et le désir de profiter de mes conseils, vous parviendrez à vaincre ce défaut.

35. — Plus tard, lorsque la raison aura remplacé votre légèreté, vous comprendrez que toutes mes observations étaient autant de preuves de tendresse de ma part.

36. — Oh! chère maman, s'écrièrent les bons enfants, nous le comprenons déjà et nous vous en remercions de tout notre cœur!

QUESTIONS :

1. — Que disait Louise à ses frères, en attendant la suite du récit de sa mère?

2. — Que dit Mme Duval du brave marin?

3. — A quel moment était arrivé le marin avec le petit Paul?

4. — Qu'est-ce que M. Dartigues fit accepter au grand-père de Paul?

5. — Qu'est-ce que le petit Paul demanda à Charles et à Robert?

6. — Qu'est-ce que M. Dartignes promit?

7. — Qu'est-ce que Robert fit en revenant au château, et de quoi remercia-t-il M. Dartigues?

8. — Qu'est-ce qui avait été convenu avec M. Legrand, patron de Robert?

9. — Qu'est-ce qui consola Robert de se séparer de Charles?

10. — Qu'est-ce que Robert raconta à Charles en parcourant la même route qu'il avait suivie avec son oncle?

11. — Le récit de Robert intéressa-t-il Charles?

12. — En arrivant chez le menuisier, qu'est-ce que Charles demanda?

13. — Que dit Charles à Mme Legrand en visitant l'atelier où couchait l'apprenti?

14. — Que répondit la bonne Mme Legrand?

15. — Que fit Robert, à la pensée d'avoir une petite chambre à lui?

16. — Qu'est-ce que Charles demanda à Robert, en attendant le retour du menuisier?

17. — Que fit Robert?

18. — Qu'est-ce que Charles voulut faire, et réussit-il?

19. — Que dit-il à Robert qu'il demanderait à son père?

20. — Quelle question Robert fit-il à Charles?

21. — Que lui répondit Charles?

22. — Que répliqua Robert?

23. — Que lui dit Charles au sujet de son patron ?

24. — Quelles exclamations Robert distingua-t-il au milieu d'un bruit confus ?

25. — Qu'est-ce que l'apprenti cria de loin à Charles ?

26. — Que dit Mme Duval en s'arrêtant ?

27. — Quelle question fit-elle à Louise ?

28. — Que répondit Louise à sa mère ?

29. — Quel conseil lui donna Mme Duval ?

30. — Qu'est-ce que Mme Duval avait dit plusieurs fois à ses enfants ?

31. — Est-il très-impoli d'interrompre la personne qui parle, ou de lui faire répéter plusieurs fois la même chose ?

32. — Quel est le défaut commun chez les enfants ?

33. — Qu'est-ce qui empêche souvent les enfants d'entendre la personne qui parle, et que leur entend-t-on dire alors ?

34. — Comment les enfants peuvent-ils parvenir à vaincre le défaut de faire répéter plusieurs fois la même chose ?

35. — Qu'est-ce que Mme Duval dit à ses enfants au sujet de ses observations ?

36. — Que répondirent les enfants ?

§ XXIII.

L'Accident.

1. — Les cris que Robert avaient entendus étaient causés par un accident arrivé à l'ouvrier Benoit.

2. — M. Legrand venait de le faire porter sur une civière par deux obligeants camarades, qui s'étaient trouvés près de la maison où travaillait Benoit.

3. — Par une imprudence trop commune chez les ouvriers, Benoit ne s'était pas assuré de la solidité de son échelle avant de s'en servir.

4. — Quelques échelons des plus élevés étant vermoulus, avaient cédé sous le poids de son corps, et le pauvre ouvrier était tombé d'assez haut sur la tête.

5. — Au premier moment, le menuisier l'avait cru tué, mais bientôt il s'était aperçu que Benoit n'était qu'étourdi, et il avait pu le faire ramener chez lui.

6. — Robert, dont vous connaissez le bon cœur, voyant l'embarras de son patron pour envoyer chercher le médecin, avait eu la pensée de prier M. Charles de le prévenir en retournant chez lui.

7. —Voilà pourquoi Charles s'était entendu appeler d'une manière si pressante par Robert, qui lui avait expliqué ce qu'on demandait à son obligeance.

8. — Bien vite, il avait offert au menuisier de se détourner de sa route avec la voiture, pour aller prévenir le médecin de se rendre le plus tôt possible près du pauvre Benoit.

9. — Charles rappela à M. Legrand sa promesse de permettre à Robert de venir prendre des leçons le jeudi soir et le dimanche avec lui.

10. — Il obtint aussi que l'apprenti aurait une petite chambre, et qu'il ne coucherait plus à l'atelier, où il ne pourrait pas avoir de lumière pour préparer ses leçons.

11. — Robert, présent à toutes ces promesses de son patron, était bien reconnaissant, et tout bas il remerciait Dieu de lui avoir fait connaître un si bon protecteur.

12. — Il aurait bien voulu accompagner Charles jusque chez le médecin, mais il pensa qu'il serait plus raisonnable de rester pour aider la femme du menuisier à soigner Benoit.

13. — Il remercia donc Charles de toutes ses bontés, et lui promit qu'aussitôt que l'ouvrier irait mieux, il demanderait à son patron la permission de se rendre chez lui.

14. — Le médecin, envoyé par Charles, ne trouva pas Benoit blessé grièvement, et assura que quelques jours de repos suffiraient pour lui permettre de reprendre son travail.

15. — Robert redoubla de zèle pour seconder son patron dans ses travaux et pour aider Mme Legrand dans les soins qu'elle donnait à l'ouvrier.

16. — Malgré le surcroît de besogne, Robert trouvait encore assez de loisirs pour venir distraire Benoit de ses souffrances, en lui faisant le récit de son séjour près de M. Dartigues et de son fils.

17. — Il lui montra ses livres, et lui raconta aussi ce que M. Charles lui avait appris au sujet de Jeanne Hachette et de Bayard.

18. — Ce qui l'intéressa le plus, ce fut la description de la fête du village, et il regretta de n'avoir pas été à la place de Robert, parce que, dit-il, il aurait demandé à entrer dans les baraques pour voir des tours de force ou des animaux savants.

19. — Nous avons déjà dit que Benoit, quoique plus âgé que Robert, n'était pas aussi raisonnable que lui, parce qu'il n'avait pas eu le bonheur de recevoir d'aussi bons conseils dans son enfance.

20. — Voilà, sans doute, pourquoi il aurait préféré voir les parades des saltimbanques, plutôt que d'aller visiter la pauvre veuve Fromont et choisir des livres à l'étalage du vieillard.

21. — Mme Legrand tint la promesse que son mari avait faite à Charles, et installa Robert dans une petite chambre où elle plaça son lit, avec un petit crucifix au-dessus, une table, une chaise et une tablette, que le bon menuisier fit lui-même, pour y mettre la terrine et la cruche destinées aux soins de propreté de l'apprenti; il ajouta même un portemanteau pour recevoir ses habits.

22. — En comparant cette chambre à celle qu'il avait occupée au château, il la trouva bien petite; mais n'importe, il se promit d'avoir une place pour chaque chose et de la tenir le plus en ordre qu'il pourrait.

23. — Sur sa table, il rangea les livres que Charles lui avait donnés, et les recouvrit d'abord pour les conserver propres le plus longtemps possible.

24. — Il prit la résolution de se lever le matin une heure avant de descendre à l'atelier, pour avoir le temps de préparer les leçons que lui donnerait Charles.

25. — Au moment où Mme Duval allait continuer son récit, le bruit d'un carreau violemment cassé se fit entendre dans le vestibule.

26. — Louise s'écria en regardant ses frères : « Qui a oublié de fermer la porte du jardin? »

27. — Ce n'est pas moi, reprit Gustave, car je ne suis pas rentré de ce côté.

28. — Alors, reprit la maman, ce doit-être Gaston à qui je reproche si souvent de laisser les portes ouvertes.

29. — Voilà encore un carreau cassé faute de vous rappeler mes recommandations.

30. — Il y a longtemps qu'on a dit, dans un cas analogue : Qui casse les verres les paye.

31. — Eh! bien, mon cher Gaston, pour te punir de ton étourderie, tu prendras le prix du carreau cassé sur ta propre bourse.

32. — Gustave et Louise, qui aimaient beaucoup leur frère et se rendaient bien la justice d'avoir, plus d'une fois, laissé les portes ouvertes, prièrent Mme Duval de leur permettre de partager les frais du carreau cassé.

33. — Le prix, divisé en trois, dit Gustave, sera bien peu de chose pour chacun de nous, tandis que deux francs, pour Gaston tout seul, ce serait effrayant.

34. — La bonne mère ne put s'empêcher de sourire à cette réflexion, et consentit au petit sacrifice que proposaient les aimables enfants.

QUESTIONS :

1. — Par quoi étaient causés les cris et le bruit que Robert avait entendus ?

2. — Qu'est-ce que M. Legrand avait fait faire par deux obligeants camarades ?

3. — Quelle imprudence Benoit avait-il commise ?

4. — Qu'est-ce qui avait causé la chute de l'ouvrier ?

5. — Au premier moment de la chute, qu'avait cru M. Legrand ?

6. — Quelle pensée avait eue Robert en voyant l'embarras de son patron ?

7. — Qui s'était entendu appeler par Robert ?

8. — Qu'est-ce que Charles avait offert au menuisier?

9. — Quelle promesse Charles rappela-t-il à M. Legrand?

10. — Qu'obtint-il encore pour l'apprenti?

11. — Que faisait Robert en écoutant toutes les promesses de son patron à son égard?

12. — Qu'est-ce que Robert aurait bien désiré faire?

13. — Que fit-il en se séparant de Charles?

14. — Quelle fut l'opinion du médecin, après avoir vu Benoit?

15. — Que fit Robert pour seconder son patron?

16. — Que faisait l'apprenti, malgré son surcroît de besogne pour distraire Benoit?

17. — Que lui montra-t-il?

18. — Qu'est-ce qui intéressa le plus Benoit dans le récit de Robert?

19. — Pourquoi Benoit, quoique plus âgé que Robert, n'était-il pas aussi raisonnable que lui?

20. — Qu'est-ce que l'ouvrier aurait préféré voir s'il eût été à la fête à la place de l'apprenti?

21. — Quelle promesse tint Mme Legrand?

22. — Que se promit Robert à l'égard de sa petite chambre?

23. — Quel soin prit-il avant de ranger ses livres sur sa table?

24. — Quelle résolution prit Robert ?

25. — Qu'est-ce qui se fit entendre dans le vestibule au moment où Mme Duval allait continuer son récit ?

26. — Que dit Louise en regardant ses frères?

27. — Que répondit Gustave ?

28. — Quelle réflexion fit la maman ?

29. — Comment le carreau avait-il été cassé ?

30. — Que dit le proverbe au sujet des verres cassés ?

31. — Que dit Mme Duval à Gaston pour le punir de son étourderie ?

32. — Que demandèrent Gustave et Louise à leur mère ?

33. — Que dit Gustave au sujet du prix du carreau ?

34. — Que fit Mme Duval ?

§ XXIV.

Visite de Charles à Robert.

1. — A présent, mes chers enfants, revenons à Charles, qui était rentré fort tard au château, après s'être détourné de sa route pour aller chercher le médecin.

2. — M. Dartigues, inquiet de ce manque d'exactitude, était allé au devant de son fils,

se proposant de lui faire comprendre l'inconvenance de son retard.

3. — Mais lorsqu'il avait appris la conduite de Charles, il n'avait pu que l'approuver d'avoir rendu service à son tour au pauvre ouvrier blessé ?

4. — Plus d'une semaine s'écoula sans que Charles vît venir Robert, ainsi que le menuisier le lui avait promis, et il en conclut que Benoit n'était pas guéri.

5. — Comme il avait pris le jeune apprenti en affection, il désirait vivement le revoir, et il demanda à M. Dartigues la permission d'aller s'informer lui-même du motif qui l'empêchait de tenir sa parole.

6. — M. Dartigues y consentit, à la condition qu'il l'accompagnerait, dans la crainte qu'un nouvel incident ne retînt Charles trop longtemps chez le menuisier.

7. — Robert, ayant su reconnaître combien le père et le fils avaient été bons pour lui, désirait beaucoup aussi les revoir.

8. — Il avait eu le cœur bien gros, lorsque son patron lui avait fait comprendre qu'il ne pourrait pas retourner chez Charles avant que Benoit eût repris son travail, ce qui n'avait pas été aussi prompt que le médecin l'avait fait espérer.

9. — Mais comme Robert était raisonnable, et qu'il savait que son patron n'exigeait de lui que des choses justes, il s'était résigné à ce sacrifice, en l'offrant tout bas au bon

Dieu, ainsi que son protecteur le lui avait recommandé en le plaçant chez M. Legrand.

10. — Presque toujours, mes enfants, ajouta Mme Duval, la récompense de notre soumission à la volonté du ciel est une satisfaction de notre conscience, accompagnée souvent d'un événement heureux.

11. — C'est ce qui arriva pour notre jeune apprenti, lorsqu'il reconnut de loin la voiture de M. Dartigues, qu'il la vit s'arrêter devant son atelier, et que Charles en descendit.

12. — Cette bonne visite lui fit naturellement le plus grand plaisir, et il courut l'annoncer à son patron.

13. — M. Legrand était justement occupé à causer avec le vieux soldat, maître de *Kabyle*, ce chien arabe que Charles avait voulu voir la première fois qu'il était venu chez le menuisier.

14. — M. Dartigues connaissait aussi l'Afrique, où dans sa jeunesse il avait passé quelques années en sortant comme officier de l'École de Saint-Cyr.

15. — S'apercevant que le brave soldat allait se retirer, il s'approcha et lui fit plusieurs questions sur son séjour et ses expéditions en Algérie.

16. — Pendant que le brave Hubert, c'est ainsi que se nommait le vieux soldat, répondait aux questions de M. Dartigues, Charles et Robert s'étaient rapprochés pour entendre ce qu'il racontait de *Kabyle*.

17. — Il paraît que ce chien lui avait sauvé la vie dans une expédition où il avait été laissé pour mort derrière son régiment, après un combat assez vif avec les Arabes.

18. — *Kabyle*, par ses aboiements avait attiré l'attention de quelques traînards, comme il s'en trouve toujours dans les marches forcées, et, en venant à son aide, ils s'étaient aperçus qu'il respirait encore, et l'avaient ramené au camp, où il avait été rappelé à la vie.

19. — « Ah! je ne m'étonne plus, s'écria Robert, que vous aimiez autant votre *Kabyle*; vous ne m'aviez jamais raconté ce que vous lui deviez.

20. — « C'est vrai, répondit le vieux soldat, mais ton patron m'a entendu plus d'une fois

faire ce récit, et je croyais que tu l'avais entendu de même.

21. — » Eh! bien, à la première veillée que je passerai avec vous, vous me raconterez vos campagnes d'Afrique, n'est-ce-pas?

22. » Avec plaisir, mon garçon; mais je m'aperçois que pendant que tu me fais causer, j'oublie que ces messieurs restent à la porte de l'atelier, au lieu d'entrer se reposer chez M. Legrand. »

23 — M. Dartigues et son fils remercièrent le vieux soldat, et Charles dit à Robert qu'il voudrait bien voir sa petite chambre.

24. — Robert s'empressa de l'y conduire, et Charles fut étonné du soin avec lequel ses livres étaient couverts et rangés. Il ne put s'empêcher de faire la réflexion que sa chambre était bien peu en ordre comparée à celle de l'apprenti.

25. — Robert dit à Charles que son oncle Martin avait écrit à M. Legrand pour lui annoncer son prochain retour, et lui raconter comment il avait trouvé sa chère petite sœur Marguerite.

26. — Il fut de nouveau convenu, avant le départ de M. Dartigues et de Charles, que Robert se rendrait au château aussitôt que son oncle serait reparti.

27. — Avant de continuer l'histoire de Robert, dit Mme Duval, il faut que je vous reprenne, mes enfants, d'une habitude que je remarque depuis quelque temps chez vous.

28. — C'est celle de répondre avec la tête, ou de dire simplement oui, non, ce qui est très-impoli.

29. — Il faut se donner la peine de répondre en paroles, ayant toujours soin d'ajouter les mots : monsieur, madame, mademoiselle, etc.

30. — Songez donc, chers enfants, que vous êtes déjà trop grands pour oublier à ce point les plus simples notions de la politesse.

31. — Les enfants baissèrent les yeux, comme humiliés de recevoir un tel reproche.

32. — Ils promirent à leur bonne mère que ce serait la dernière fois qu'elle le leur adresserait.

QUESTIONS :

1. — Pourquoi Charles s'était-il détourné de sa route pour revenir chez son père ?

2. — Qu'avait fait M. Dartigues, inquiet de ne pas voir rentrer son fils ?

3. — En apprenant la cause du retard de Charles, son père l'avait-il approuvé ?

4. — Que pensa Charles en ne voyant pas venir Robert ?

5. — Que désirait Charles et que demanda-t-il à son père ?

6. — A quelle condition M. Dartigues permit-il à son fils d'aller voir Robert ?

7. — Qu'est-ce que Robert désirait beaucoup.

8. — Pourquoi l'apprenti avait-il eu le cœur bien gros ?

9. — A quoi Robert s'était-il résigné, et qu'avait-il fait en se rappelant les conseils du bon curé ?

10. — Quelle est souvent la récompense de notre soumission à la volonté de Dieu ?

11. — Qu'est-ce que l'apprenti reconnut de loin et que vit-il s'arrêter devant l'atelier ?

12. — Qu'alla-t-il annoncer à son patron ?

13. — Avec qui M. Legrand était-il occupé à causer ?

14. — Où M. Dartigues avait-il passé quelques années comme officier, en sortant de l'Ecole de Saint-Cyr ?

15. — Que fit M. Dartigues, s'apercevant que le vieux soldat allait se retirer ?

16. — Pourquoi Charles et Robert s'étaient-ils rapprochés de M. Dartigues et du père Christophe ?

17. — Qui avait sauvé la vie au brave Hubert dans une expédition ?

18. — Par ses aboiements, de qui *Kabyle* avait-il attiré l'attention ?

19. — Que dit Robert au vieux soldat ?

20. — Que répondit ce vieux soldat ?

21. Quelle proposition lui fit Robert ?

22. — Quelle réflexion fit Hubert au sujet de M. Dartigues et de Charles ?

23. — Quel désir Charles exprima-t-il à Robert ?

24. — De quoi Charles fut-il étonné en visitant la petite chambre de l'apprenti ?

25. — Que dit Robert à Charles au sujet de son oncle Martin ?

26. — Que fut-il convenu de nouveau avant le départ de M. Dartigues et de son fils ?

27. — Que dit Mme Duval à ses enfants avant de continuer l'histoire de Robert ?

28. — Quelle mauvaise habitude Mme Duval reprocha-t-elle à ses enfants ?

29. — Quelle peine faut-il se donner lorsqu'on vous interroge ?

30. — Quelle réflexion Mme Duval fit-elle à ses enfants ?

31. — Que firent les enfants ?

32. — Que promirent-ils à leur bonne mère ?

§ XXV.

Retour de l'oncle Martin.

1. — Grâce aux bons soins dont Benoît avait été entouré par l'excellente Mme Legrand, qui avait suivi exactement les ordonnances du médecin, et par Robert, qui avait contribué en le distrayant, à lui faire prendre patience, il avait pu se remettre au travail.

2. — Robert avait été tout heureux de revoir à l'atelier son camarade, auquel il s'était attaché avec sa nature aimante et dévouée.

3. — Benoit examina les travaux que Robert avait faits pendant son absence, et en fut si surpris qu'il ne put s'empêcher de lui dire que bientôt il en saurait autant que lui et aurait fini son apprentissage.

4. — C'est ainsi, mes enfants, ajouta Mme Duval, que toutes les fois qu'on s'applique au travail dans le double but de remplir son devoir et d'obliger ses semblables, Dieu bénit les efforts et les couronne de succès.

5. — Le contentement de Robert était encore rehaussé par l'espoir d'aller, dans peu de jours, passer quelques heures près de Charles pour recevoir ses bonnes leçons.

6. — La lecture des livres qu'il tenait de la générosité de M. Dartigues, avait été pour lui pleine de profit, et il se réjouissait de montrer à Charles qu'il avait fait tout ce qu'il avait pu pour apprendre aussi quelque chose.

7. — Un samedi soir, après sa journée, il était monté dans sa chambre pour finir la lecture de *Petit-Pierre* ou le *Bon Cultivateur*, qui l'avait beaucoup intéressé.

8. — Il attendait l'heure du souper, qu'on avait retardé jusqu'au retour de son patron, qui devait revenir par la diligence faisant le service de la station du chemin de fer au village de Z... qu'il habitait.

9. — Bientôt il crut distinguer le bruit des grelots des chevaux et entendre le claquement du fouet. Dans la pensée que M. Legrand aurait peut-être quelques paquets à porter, il s'élança au devant de la voiture, qui venait de s'arrêter au bureau en face de la maison.

10. — Comme il cherchait des yeux son patron parmi les voyageurs qui descendaient de la diligence, il s'entendit appeler, et en se retournant il se trouva dans les bras de son oncle, qu'il embrassa de bien bon cœur.

11. — C'était, en effet, Martin qui avait terminé ses affaires plus tôt qu'il ne l'espérait, et qui avait voulu surprendre Robert, que son retour rendait bien heureux.

12. — Sa rencontre dans le chemin de fer avec le menuisier lui avait fourni l'occasion de l'interroger sur la conduite de son neveu, et il avait été fort content des bons témoignages qu'il lui en avait donnés. Voilà pourquoi ce brave oncle l'avait revu avec tant de joie.

13. — Pendant le souper, Robert accabla son oncle de questions au sujet de sa sœur, qu'il désirait tant revoir.

14. — Martin lui raconta son arrivée à l'orphelinat, comment il avait d'abord demandé la supérieure pour faire reconnaître ses titres de parenté comme frère du père de Marguerite.

15. — La bonne supérieure avait été bien heureuse en pensant que sa chère petite Mar-

guerite avait retrouvé son oncle, et avait demandé à laisser Martin seul dans le parloir, pendant qu'elle irait préparer l'enfant à tant de bonheur.

16. — Les instants lui avaient paru bien longs en attendant le retour de la supérieure, et, lorsqu'il avait entendu ouvrir la porte du parloir, son cœur battait bien fort.

17. — Au même moment, une charmante enfant de dix ans s'était jetée dans ses bras, en pleurant de joie de revoir son oncle.

18. — Elle ressemblait beaucoup à son frère, au physique comme au moral, et la supérieure avait fait à Martin l'éloge de son application au travail et surtout de son bon caractère.

19. — Martin, avant de quitter sa chère petite nièce, lui avait promis, comme récompense de sa bonne conduite, de lui amener bientôt son frère, si son bon patron pouvait lui donner quelques jours de congé.

20. — Robert écoutait tous ses détails avec tant d'attention, qu'il oubliait de souper, et Mme Legrand, qui s'en aperçut, dit à son mari :

21. — « Dis-donc à ce pauvre Robert que tu le laisseras aller voir sa sœur avec son oncle, afin qu'il puisse continuer son repas, car je vois bien qu'il a le cœur gros à ce sujet.

22. — » Comme vous devinez bien ce que je pense, dit Robert, et que vous êtes bonne, madame Legrand.

23. — » Allons, voilà qui est entendu, reprit le menuisier : puisque ma femme est si bonne, je ne veux pas être trop méchant, et, quand ton oncle se sera reposé, tu iras voir ta sœur; il y a assez longtemps que tu le désires, mon garçon.

24. — » Pour ma part, dit Martin, je serai toujours reconnaissant au bon curé qui a placé Robert chez d'aussi braves gens que vous, ajouta-t-il, en s'adressant au menuisier et à sa femme.

25. — » A propos, reprit Robert; dans ma joie de parler de Marguerite, j'ai oublié de vous demander, mon cher oncle, comment se porte mon premier protecteur ?

26. — » J'ai su, par la supérieure de l'orphelinat, qu'il avait été appelé à une cure très-éloignée, et je lui ai écrit pour le remercier, en attendant le bonheur d'aller le voir avec ses deux petits protégés, dit Martin, en souriant à Robert. »

27. — La soirée s'était passée si agréablement qu'on avait oublié les fatigues du voyage, et Mme Legrand donna le signal du repos, en invitant chacun à prendre sa lumière pour aller se coucher.

28. — Dans sa précipitation à obéir, et au moment où, arrivé près de sa porte, il disait bonsoir à son oncle, le chandelier qu'il tenait lui échappa des mains et alla rouler jusqu'au bas de l'escalier avec un grand fracas, qui effraya le menuisier et sa femme avant qu'ils n'en eussent reconnu la cause.

29. — En parlant de frayeur, dit Mme Duval, d'où venait donc cette grosse voix que j'ai entendue ce matin dans la chambre de Gustave?

30. — Est-ce que, par hasard, ce serait encore Gaston qui aurait oublié ma défense, répétée tant de fois, de faire peur, sous le prétexte de causer une surprise à son frère?

31. — C'est là, mes enfants, une coupable manie qui peut être fort dangereuse et causer de graves accidents selon le tempérament des personnes.

32. — Il est même arrivé qu'un frère, s'étant caché un jour pour faire peur à sa jeune sœur, la pauvre enfant fut tellement effrayée qu'elle en perdit la raison.

33. — Son malheureux frère ne put jamais se consoler de voir sa sœur, qu'il aimait beaucoup, dans un tel état, et sa présence fut le remords de toute sa vie.

34. — Vous m'effrayez, chère mère, s'écria Gaston, et pour m'empêcher de recommencer je n'aurai qu'à me rappeler l'exemple de ce pauvre frère, car moi aussi, dit-il, en regardant Louise, j'ai une sœur que j'aime de tout mon cœur, et je ne voudrais pas lui faire perdre la raison. Oh! non.

35. — Bien, cher enfant, dit Mme Duval, ton bon cœur m'est un sûr garant que tu feras des efforts pour te corriger de ta funeste manie de faire peur, désormais, à ton frère et à ta sœur.

QUESTIONS :

1. — Grâce aux bons soins de qui Benoit avait-il pu se remettre au travail ?

2. — Pourquoi Robert avait-il été heureux de revoir son camarade ?

3. — Qu'est-ce que Benoit avait examiné et qu'avait-il dit à Robert ?

4. — Quelle réflexion Mme Duval fit-elle à ses enfants au sujet du travail ?

5. — Par quel espoir le contentement de Robert était-il augmenté ?

6. — De quoi l'apprenti se réjouissait-il en pensant à revoir Charles ?

7. — Que faisait-il un mardi soir dans sa chambre en attendant le souper ?

8. — Pourquoi l'heure du repas avait-elle été retardée ?

9. — Qu'est-ce que Robert crut distinguer et pourquoi descendit-il au-devant de son patron ?

10. — Par qui s'entendit-il appeler pendant qu'il cherchait son patron des yeux ?

11. — Pourquoi Martin était-il revenu plus tôt qu'il ne l'espérait ?

12. — Qui avait-il rencontré dans le chemin de fer, et qu'avait-il demandé au sujet de son neveu.

13. — Que fit Robert pendant le souper ?

14. — Qu'est-ce que lui raconta Martin ?

15. — Qu'est-ce que la bonne supérieure de l'orphelinat avait demandé à l'oncle de Marguerite ?

16. — Qu'avait éprouvé Martin lorsqu'il avait entendu ouvrir la porte du parloir ?

17. — Qui s'était jeté dans ses bras en pleurant de joie ?

18. — A qui ressemblait Marguerite ?

19. — Avant de quitter sa nièce, qu'est-ce que l'oncle lui avait promis ?

20. — Quest-ce que Robert oubliait de faire en écoutant parler de sa sœur ?

21. — Que dit la femme du menuisier à son mari au sujet de l'apprenti ?

22. — Que dit Robert à Mme Legrand ?

23. — Quelles réflexions fit le menuisier en parlant de sa femme ?

24. — De quoi Martin promit-il d'être toujours reconnaissant ?

25. — Qu'est-ce que Robert avait oublié de demander à son oncle ?

26. — Quelle explication lui donna Martin au sujet de son protecteur ?

27. — Comment s'était passée la soirée et qui donna le signal du repos ?

28. — Que fit Robert dans sa précipitation et que lui arriva-t-il ?

29. — Quelle question fit Mme Duval à ses enfants !

30. — Quelle supposition fit-elle en parlant de Gaston ?

31. — Pourquoi la funeste manie de faire peur peut-elle être fort dangereuse ?

32. — Qu'est-il arrivé un jour à un frère qui s'était caché pour effrayer sa sœur ?

33. — De quoi ce malheureux frère ne se consola-t-il jamais ?

34. — Que dit Gaston à sa mère ?

35. — Que lui répondit Mme Duval ?

§ XXVI.

Repas de famille chez le menuisier.

1. — L'accident de Benoit avait retardé un projet que M. Legrand et sa femme avaient formé depuis longtemps, celui de réunir leurs voisins dans un repas de famille pour les remercier de tous les services qu'ils leur avaient rendus lors de l'incendie de l'atelier.

2. — L'arrivée de Martin leur fournit le prétexte de cette réunion, parce que le brave colporteur avait apporté quelques provisions à Mme Legrand, comme témoignages de sa reconnaissance pour ses bontés à l'égard de Robert.

3. — Au village ce n'est pas comme à la ville, et l'on peut faire les invitations du jour

au lendemain sans crainte de manquer aux usages, et d'étonner ceux qu'on invite sans plus de cérémonie.

4. — Les voisins furent donc invités le soir même du samedi pour le dimanche, après la messe, à midi, afin de ne pas les déranger pendant la semaine de leurs travaux.

5. — Les habitants du village de L*** avaient la pieuse coutume d'observer le commandement de Dieu qui dit : Les dimanches tu garderas en servant Dieu dévotement.

6. — Pas un n'aurait donc osé manquer à la messe, car, le vénérable curé, qui était depuis quarante ans dans la commune, avait su leur faire comprendre ce qui les distinguait des animaux : La prière et le culte extérieur.

7. — Ils savaient aussi que la première vertu de toutes, celle qui conduit à Dieu, est la charité, et c'est par la pratique que leur curé la leur avait fait comprendre ; car, bien souvent au moment de se mettre à table, son modeste repas avait pris le chemin de la chaumière, où une pauvre famille, dont le père avait été longtemps malade, manquait du nécessaire,

8. — Ses paroissiens auraient bien voulu l'inviter lorsqu'ils se réunissaient, mais son âge ne lui permettait plus d'accepter leurs affectueuses invitations, voilà pourquoi M. Legrand ne le comptait point parmi ses convives.

9. — Le père Guillaume, le vieux soldat Hubert, l'oncle Martin et l'instituteur

furent les premiers prévenus, et ils acceptèrent avec empressement, car le menuisier et sa femme étaient très-aimés et très-estimés pour leur obligeance envers leurs voisins.

10. — Robert, qui aimait à se rendre utile, offrit à Mme Legrand de l'aider dans ses préparatifs. Ce fut lui qui coupa le pain, qui descendit tirer le vin à la cave, et qui fut chargé de cueillir dans le jardin le raisin et les poires pour le dessert.

11. — Tout cela fut fait avant de se rendre à l'église, et, au retour, Mme Legrand, qui avait mis son couvert d'avance, n'eut plus qu'à servir la bonne soupe au lard qui avait achevé de cuire pendant son absence.

12. — Au moment de se mettre à table, on s'aperçut que le père Guillaume manquait, et plusieurs convives proposèrent d'aller le chercher ou de l'attendre.

13. — Mais la bonne ménagère pensa que son dîner refroidirait, et fut d'avis de commencer sans le père Guillaume, qui ne pouvait tarder à venir.

14. — En effet, à peine les invités s'étaient-ils assis, Robert entre son oncle et l'instituteur, et Martin près de Mme Legrand, que le retardataire entra.

15. — Voici ce qui l'avait retenu : En sortant de l'église, il s'était rendu chez le fermier Rousseau, dont le plus jeune fils était malade depuis longtemps.

16. — Le pauvre petit Jacques avait une fièvre qui le minait; ses joues étaient pâles; ses yeux abattus et ses parents ne s'entendaient pas à le soigner.

17. — Martin proposa d'aller le voir avec Robert après les vêpres, et le jeune apprenti, qui connaissait bien le petit Jacques, s'empressa d'accepter cette proposition.

18. — Le repas fut fort gai; chacun voulut y mettre du sien. Le vieux soldat raconta ses campagnes d'Afrique ; le père Guillaume ses souvenirs de jeunesse, et Martin ses aventures sur mer.

19. — De temps en temps, l'instituteur reprenait Robert tout bas sur sa manière de se tenir à table : « On ne porte pas la pointe de

son couteau à la bouche, disait-il, et l'on doit manger sans faire de bruit avec les dents ou la bouche, et sans faire résonner son assiette sous les coups redoublés de sa cuiller ou de sa fourchette.

20. — Quand l'instituteur s'apercevait qu'il avait les coudes sur la table, il les lui retirait sans rien dire, et Robert comprenait la leçon qu'il se promettait de ne plus oublier. Enfin, pour dernier conseil, M. Thibaut lui disait : « Toutes les fois qu'il vous arrivera de dîner en société, surtout dans une maison comme celle de M. Dartigues, vous n'aurez qu'une chose à faire pour ne pas manquer aux usages, ce sera de prendre exemple sur la personne d'un certain âge qui vous paraîtra avoir la meilleure tenue.

21. — Pendant que la conversation s'animait entre le menuisier et ses voisins sur les affaires sérieuses de la commune, qui ne l'intéressaient pas, l'apprenti racontait à l'instituteur sa visite chez M. Dartigues, sa promenade à la fête d'où il avait rapporté des livres si amusants.

22. — Robert lui citait aussi les passages de la vie de *Petit-Jean* et de *Petit-Pierre*, qui l'avaient le plus intéressé, et l'instituteur, surpris de tant de mémoire, se plaisait à l'interroger sur ces excellents ouvrages.

23. — Le repas, si gai, aurait pu se prolonger jusqu'au soir, si la cloche des vêpres n'était pas venue rappeler à l'instituteur que ses élèves l'attendaient pour se rendre à l'église.

24. — Son départ fut le signal de celui des autres convives, et chacun suivit le bon exemple de M. Thibaut, non sans avoir remercié beaucoup le menuisier et sa femme des bons moments qui venaient de s'écouler.

25. — Cette partie de notre histoire, dit Mme Duval à ses enfants, me rappelle que j'ai des reproches à vous adresser sur votre tenue à l'église qui n'est pas toujours conforme aux conseils que je vous ai déjà donnés si souvent.

26. — C'est ainsi qu'hier, pendant le sermon, Gustave s'est retourné plusieurs fois lorsqu'il entendait ouvrir la porte de l'église; ce qui a pu faire comprendre à ceux des assistants qui l'ont vu que la curiosité pourrait bien être un de ses défauts.

27. — De son côté, Gaston a poussé Louise du coude, et s'est penché à son oreille pour lui parler, ce qui est tout-à-fait contraire au respect que nous devons avoir dans la maison du Seigneur.

28. — Et si je demandais à Gaston, ajouta Mme Duval, pourquoi il a parlé tout bas à Louise, je suis presque certaine qu'il n'avait rien d'important à lui dire.

29. — Gaston, qui était la franchise même, répondit que c'était pour faire remarquer à sa sœur une dame âgée qui dormait et dont la tête tombait à chaque instant du côté de sa voisine sans qu'elle se réveillât.

30. — Eh ! bien, mon cher enfant, dis-moi si c'était généreux de ta part de signaler cette pauvre dame, fatiguée ou malade, à l'attention

de Louise, et si tu n'aurais pas mieux fait de la laisser écouter attentivement le sermon?

31. — C'est vrai, chère mère, et je veux prendre la résolution de me tenir d'une manière irréprochable à l'église. Mais, ajouta-t-il en soupirant, ce n'est pas la bonne volonté qui me manque, mais il est si difficile de tout se rappeler!...

32. — Sans doute, cher Gaston, parce que jusqu'à présent la légèreté et l'étourderie l'emportent sur mes conseils, mais plus tard, je l'espère du moins, quand ces deux ennemis de ton âge auront été remplacés par la raison, alors tu te souviendras de mes avis et tu les mettras en pratique.

33. — Comprenez donc bien, mes enfants, continua Madame Duval en s'adressant à tous les trois, que les quelques heures que vous avez le devoir de passer à l'église, au pied du sanctuaire, sont des heures de bénédiction pendant lesquelles vous avez le droit d'exposer à Dieu toutes vos demandes pour le bonheur de votre patrie, de vos parents, de vos amis et de vos bienfaiteurs.

34. — Perdre des instants aussi précieux serait commettre une faute bien plus grave encore que celle d'un écolier qui se présenterait devant son maître pour demander le pardon de ses fautes, et qui ne craindrait pas, au lieu de lui parler dans l'attitude du respect et du repentir, de regarder à droite et à gauche sans avoir l'air de s'apercevoir même de sa présence.

35. — Son maître, offensé par cette mauvaise tenue et ce manque de déférence, ne lui accorderait, certes pas, le pardon qu'il viendrait solliciter d'une telle manière.

36. — Voilà ce qui vous arrivera aussi, mes enfants, lorsque vous ne vous tiendrez pas, durant les offices, avec tout le respect et la modestie que vous devez à Dieu, le souverain du ciel et de la terre, et vous sortirez de son Eglise sans avoir obtenu ce que vous aurez si mal demandé.

QUESTIONS :

1. — Qu'est-ce que l'accident de Benoit avait retardé ?

2. — Qu'avait apporté Martin à Mme Legrand ?

3. — Comment peut-on faire des invitations à dîner au village ?

4. — Pourquoi les voisins du menuisier furent-ils invités à dîner un dimanche ?

5. — Quelle était la pieuse coutume des habitants du village de L*** ?

6. — Qu'est-ce que le vénérable curé de ce village avait su faire comprendre aux habitants ?

7. — Quelle est la première vertu de toutes, et celle qui conduit à Dieu ?

8. — Pourquoi M. Legrand n'avait-il pas invité le vénérable curé à dîner ?

9. — Quelles furent les personnes qui acceptèrent avec empressement l'invitation du menuisier ?

10. — Que fit Robert qui aimait à se rendre utile ?

11. — Que fit Mme Legrand au retour de l'église ?

12. — Au moment de se mettre à table de quoi s'aperçut-on ?

13. — Quel fut l'avis de la bonne ménagère ?

14. — Qui arriva en retard lorsque les invités se furent mis à table ?

15. — Qu'était-il arrivé au père Guillaume en sortant de l'église ?

16. — Quelle était la maladie du petit Jacques, fils du fermier Rousseau ?

17. — Qu'est-ce que Martin proposa de faire après les vêpres ?

18. — Que raconta le vieux soldat pendant le repas ainsi que l'oncle de Robert ?

19. — Qui l'instituteur reprenait-il tout bas sur sa manière de se tenir à table et qu'enseignait-il à l'apprenti ?

20. — Que faisait l'instituteur quand il s'apercevait que Robert avait les coudes sur la table ?

21. — Que faisait Robert pendant que le menuisier et ses voisins causaient des affaires de la commune ?

22. — De quels livres l'apprenti citait-il des passages à l'instituteur ?

23. — Qu'est-ce qui vint rappeler à l'instituteur que ses élèves l'attendaient pour se rendre à l'église ?

24. — Les convives suivirent-ils le bon exemple de M. Thibaut, et que firent-ils avant de quitter le menuisier et sa femme ?

25. — Que dit Mme Duval à ses enfants, et que se rappela-t-elle ?

26. — Qu'avait fait Gustave la veille, pendant le sermon à l'église ?

27. — De son côté comment s'était conduit Gaston ?

28. — Pourquoi avait-il parlé à l'oreille de Louise ?

29. — Que répondit Gaston avec sa franchise ordinaire ?

30. — Que lui demanda sa mère au sujet de la pauvre dame fatiguée ou malade ?

31. — Quelle réflexion fit Gaston en promettant de se mieux tenir à l'église ?

32. — Que lui dit Mme Duval au sujet de sa légèreté et de son étourderie, et quel espoir exprima-t-elle ?

33. — Qu'expliqua-t-elle à ses trois enfants au sujet des heures de bénédiction qu'on passe à l'église pendant les offices ?

34. — A quelle faute peut-on comparer celle de perdre les instants si précieux qu'on passe à l'église ?

35. — Que ferait le maître d'un écolier au

viendrait lui demander pardon sans avoir une tenue convenable et sans respect?

36. — Qu'arrivera-t-il à ceux qui ne se tiendront pas devant Dieu à l'église avec toute la modestie et le respect qu'on lui doit?

§ XXVII.

Le petit Jacques.

1. — Avant la fin du dîner chez le menuisier, reprit Mme Duval, il avait été convenu que l'instituteur se joindrait à Martin et à Robert pour aller voir le petit Jacques, qui était un de ses meilleurs élèves.

2. — La ferme qu'habitaient les parents de Jacques était située dans un hameau assez éloigné du bourg, et faisait partie d'un domaine important, dont le propriétaire, M. Denis, qui était aussi le maire du pays, avait toujours été, ainsi que sa femme, très-bon pour ses fermiers.

3. — Le père Rousseau était un infatigable travailleur; chaque jour, dès quatre heures du matin, il donnait l'exemple à ses quatre fils; sa femme, courageuse ménagère, ne lui cédait en rien, et le secondait vaillamment avec sa fille Annette et une robuste servante qu'elle associait à sa propre famille.

4. — De tous les enfants, Jacques était le seul qui eût eu le bonheur d'aller à l'école,

parce que lorsque les aînés avaient eu son âge, les parents étaient encore trop pauvres pour faire le sacrifice de leurs jeunes services.

5. — Pour arriver jusqu'à la chambre où se trouvait le petit malade, les visiteurs durent traverser la cour de la ferme qui n'était qu'un cloaque, où les animaux, que l'on voit trop souvent se complaire dans la fange, se roulaient en toute liberté.

6. — Le fumier, au lieu d'être placé en dehors ou au moins à l'extrémité de la cour, se trouvait au milieu et s'étendait même jusqu'aux portes des étables, ce qui gênait beaucoup pour y faire rentrer le soir les bestiaux.

7. — Martin qui, dans le cours de ses voyages, avait visité des fermes-modèles, ne put s'empêcher de faire remarquer à l'instituteur et à Robert le désordre et la malpropreté qu'il attribuait à l'ignorance seule de ces braves fermiers.

8. — Dans la grande chambre, où se trouvait le pauvre enfant pâle et frissonnant de la fièvre, il n'y avait que deux grands lits, destinés aux parents et aux deux jeunes filles.

9. — L'instituteur et Martin demandèrent où couchait Jacques ; ils apprirent que c'était dans l'écurie avec un de ses frères ; ce qui était fort malsain dans l'état de fièvre du cher petit.

10. — Au moment où la fermière expliquait aux visiteurs qu'il était impossible d'avoir un lit seul pour Jacques, Mme Denis, la

femme du bourgeois, c'est ainsi que le père Rousseau désignait son propriétaire, vint s'informer de l'état du malade.

11. — Elle était accompagnée de son frère, jeune médecin, qui s'empressa de dire que la première chose à faire c'était de mieux couvrir l'enfant et de le coucher seul.

12. — Immédiatement, Mme Denis offrit de prêter un lit qu'on placerait dans la grande chambre, et le frère aîné de Jacques se chargea d'aller le chercher avec Robert.

13. — Lorsqu'ils revinrent, le fermier et sa femme crurent bien faire en plaçant ce petit lit entre la croisée et la porte, juste dans le courant d'air, ce qui eût été fort dangereux pour le malade.

14. — Heureusement que l'instituteur et Martin étaient restés pour présider à l'installation du lit, et ils firent comprendre aux parents l'importance de coucher Jacques près du feu, et non pas exposé à l'air de la fenêtre et de la porte.

15. — C'est ainsi, dit M. Thibaut à Martin, que par ignorance des plus simples notions d'hygiène, nos braves paysans compromettent la santé de leurs pauvres enfants.

16. — Aussi fait-on entrer maintenant dans le programme des études primaires l'enseignement de l'hygiène, c'est-à-dire l'art de conserver sa santé et de se préserver des maladies qu'occasionne souvent le défaut des plus simples précautions.

17. — C'est donc avec raison que l'autorité supérieure a compris l'utilité d'enseigner aux enfants, concurremment avec les autres études, cette science qui peut leur procurer le premier des biens dont le Tout-Puissant nous permet de jouir ici-bas, une bonne santé.

18. — La grande inquiétude du petit Jacques était de manquer la classe, et pour le consoler, M. Thibaut lui promit en le quittant de venir le revoir bientôt et de l'aider à regagner le temps perdu malgré lui, puisque la maladie, ajouta l'instituteur, est l'épreuve que Dieu nous envoie pour exercer souvent notre patience et notre vertu.

19. — Les parents de Jacques remercièrent beaucoup M. Thibaut, Martin et Robert de leur bonne visite, et le petit malade s'engagea à suivre exactement les ordonnances du médecin qui, avant de quitter sa sœur, Mme Denis pour retourner à la ville où il demeurait, lui avait indiqué ce qu'il fallait faire pour débarrasser l'enfant de la fièvre qui le minait. Ce jeune médecin avait fait observer, en outre à la mère Rousseau, que la mauvaise tenue de sa cour pouvait bien être nuisible à la santé de son fils.

20. — Grâce à la généreuse propriétaire, le pauvre enfant ne tarda pas à retrouver ses joues roses, son œil vif et ses forces, et comme il était très-aimé de ses camarades pour son obligeance et sa douceur, tous se réjouirent en le voyant revenir à l'école.

21. — Il leur raconta avec empressement, combien Mme Denis avait été bonne chaque jour pour lui, et promit de leur prêter les livres d'histoire qu'elle lui avait donnés pour le distraire pendant sa convalescence.

22. — Ce qu'il omit de leur dire, pour ne pas se vanter, ce fut la soumission avec laquelle il avait suivi le régime peu agréable qui devait le guérir et dont le moindre ennui avait été la diète si pénible aux jeunes estomacs.

23. — Combien d'enfants auraient besoin de suivre l'exemple du petit Jacques, dit Mme Duval en regardant Gustave, qui était toujours un malade fort indocile.

24. — C'est vrai, chère mère, avoua Gustave, et je rougis de mon peu de courage; mais aussi, outre la souffrance, c'est si ennuyeux d'être malade, qu'on peut bien, il me semble, manquer de patience.

25. — Ne te souviens-tu pas, cher enfant, que la patience est la vertu qui consiste à savoir souffrir sans murmurer ? Or, comment l'exerceras-tu si tu te plains continuellement et si tu fatigues, par tes exigences, ceux qui te soignent ?

26. — Ce serait mal, chère maman, je le sais et je tâcherai, si l'occasion se présente encore, de me rappeler aussi l'exemple de notre cousine qui, depuis vingt-deux ans, est paralysée de tout le côté droit, sans jamais faire entendre un murmure.

27. — « Oh ! oui, reprit Gaston, chaque fois que je vais la voir, cette bonne cousine fait mon admiration, et je ne comprends pas qu'elle puisse avoir autant de patience. »

28. — C'est la religion seule, dit Mme Duval, qui la lui donne, et c'est en acquérant un jour sa piété sincère que vous pourrez atteindre à ce degré de vertu remarquable.

29. — « Je voudrais bien savoir, demanda Louise à sa bonne mère, si le petit Jacques était aussi un enfant pieux ? ».

30. — Certainement, répondit Mme Duval, c'était l'enfant le plus attentif du catéchisme et le plus recueilli lorsqu'il faisait ses prières.

31. — « Nous voici bien loin de l'histoire de Robert, dit Gustave, et c'est encore moi qui en suis cause, parce que notre bonne mère a voulu me donner une leçon bien utile dont je tâcherai de profiter.

32. — » Et nous aussi, ajoutèrent Gaston et Louise, car nous ne sommes guère plus raisonnables que toi, cher frère, lorsque nous avons la moindre indisposition. »

QUESTIONS :

1. — Qu'avait-il été convenu entre Martin et l'instituteur avant de se séparer chez le menuisier ?

2. — Où était située la ferme que les parents de Jacques habitaient ?

3. — Dites ce qu'était le père Rousseau, et que faisait sa femme ?

4. — Pourquoi Jacques était-il le seul de tous les enfants du fermier qui eût eu le bonheur d'aller à l'école.

5. — Qu'est-ce que les visiteurs durent traverser pour arriver à la chambre où se trouvait Jacques ?

6. — Où était placé le fumier de la ferme?

7. — Qu'est-ce que Martin fit remarquer à l'instituteur et à Robert ?

8. — Quels meubles se trouvaient dans la chambre du petit malade ?

9. — Que demandèrent l'instituteur et Martin ?

10. — Qu'est-ce qui vint s'informer de l'état du petit Jacques pendant que Martin et M. Thibaut étaient près de lui !

11. — Par qui Mme Denis était-elle accompagnée, et que dit le jeune médecin ?

12. — Qu'est-ce Mme Denis offrit de prêter ?

13. — Où le fermier et la fermière avaient-ils placé le lit ?

14. — Qu'est-ce que Martin et l'instituteur firent comprendre aux fermiers ?

15. — Quelle réflexion M. Thibaut fit-il à Martin ?

16. — Que fait-on entrer à présent dans le programme des études primaires ?

17. — Pourquoi l'autorité supérieure

a-t-elle jugé utile d'enseigner cette science aux enfants des écoles ?

18. — Quelle était la grande inquiétude de Jacques, et que lui promit l'instituteur ?

19. — Que firent les parents du petit Jacques, et à quoi s'engagea ce dernier ?

20. — Que fit le petit malade, grâce à la générosité de Mme Denis ?

21. — Que raconta Jacques à ses camarades en retournant à l'école ?

22. — Qu'est-ce que ce bon petit garçon omit de leur dire ?

23. — Quelle réflexion fit Mme Duval en regardant Gustave ?

24. — Que répondit Gustave ?

25. — Que lui rappela sa mère ?

26. — Quelle promesse fit Gustave ?

27. — Qu'ajouta Gaston à la réflexion de son frère au sujet de leur cousine ?

28. — Quelle explication donna Mme Duval à ses enfants ?

29. — Que demanda Louise à sa mère ?

30. — Que lui répondit Mme Duval ?

31. — Que dit Gustave en parlant de l'histoire de Robert ?

32. — Qu'ajoutèrent Gaston et Louise à sa réflexion ?

§ XXVIII.

Robert et son oncle au château de M. Dartigues.

1. — Pendant les quelques jours de repos, que Martin passa chez M. Legrand, Robert lui raconta combien M. Dartigues et son fils avaient été bons pour lui ; aussi l'oncle jugea-t-il à propos de se rendre au château, afin de prévenir Charles que Robert allait s'absenter pour aller voir sa sœur, dont il avait été séparé depuis si longtemps.

2. — Le patron de Robert approuva ce projet, d'autant plus qu'il avait promis à M. Charles de lui envoyer son apprenti, et qu'il craignait que ce dernier ne l'accusât de manquer à sa parole ; ce que le brave menuisier n'était pas capable de faire sous aucun prétexte.

3. — L'oncle Martin et Robert firent donc leurs adieux à M. et Mme Legrand, auxquels ils promirent de rester absents le moins longtemps possible, et ils partirent de grand matin pour arriver de bonne heure au château.

4. — De son côté, Charles, qui s'attendait tous les jours à voir arriver Robert, puisqu'il ignorait la présence de son oncle, s'était dirigé ce même matin, plustôt que de coutume, du côté de la grille du parc, dans l'espérance de le voir de loin.

5. — Dès que Robert l'aperçut, il le fit remarquer à son oncle, en recommençant l'éloge

du fils de M. Dartigues que Martin lui avait déjà entendu faire plusieurs fois; car nous avons dit que l'apprenti était fort reconnaissant, et qu'il ne se lassait pas de parler de ceux qui lui avaient fait du bien.

6. — Charles fut très-heureux de revoir Robert, mais lorsqu'il apprit que son oncle l'emmenait pour quelque temps, il en fut tout chagrin, quoiqu'il comprît bien le bonheur que Robert aurait de revoir sa chère petite sœur Marguerite.

7. — Il conduisit l'oncle et le neveu auprès de son père, qui voulut les retenir à déjeûner, en promettant de les faire conduire dans la carriole de la ferme jusqu'à la station voisine, où Martin et Robert devaient prendre le chemin de fer pour se rendre à la ville de X***, où se trouvait l'orphelinat de Marguerite.

8. — Robert apprit avec bonheur de Charles que son père avait été assez heureux pour faire obtenir une petite pension au vieux marin du village, où ils avaient été à la fête. Martin écouta avec beaucoup de plaisir le récit de l'agréable journée qui avait laissé de si bons souvenirs à son cher neveu.

9. — Malgré tout l'agrément que Robert et Martin trouvaient dans la bienveillante réception de M. Dartigues et de son fils, ils ne pouvaient oublier le but de leur voyage, et le moment du départ étant arrivé, ils remercièrent vivement ces deux messieurs, et promirent de s'arrêter au retour pour raconter à Charles l'entrevue de Robert et de sa sœur.

10. — Au moment de monter dans la carriole, M. Dartigues s'approchant de Robert lui dit en souriant : « La bourse d'un jeune apprenti n'est pas encore assez garnie pour se permettre un voyage d'agrément ; aussi je veux me charger d'y suppléer avec ce billet, afin qu'il puisse offrir à sa sœur un souvenir de sa visite.

11. — Robert, avec le désintéressement que nous lui connaissons, refusait poliment d'accepter, mais Charles, joignant ses instances à celles de son excellent père, Martin intervint pour le décider, en lui disant que ce serait une dette de reconnaissance de plus qu'il contracterait envers son digne bienfaiteur.

12. — Robert reçut donc ce billet de cent francs qui lui paraissait une somme énorme, et s'empressa de le remettre à son oncle pour les frais de son voyage ; ce qui prouva une fois de plus à M. Dartigues combien ce jeune apprenti avait de délicatesse dans les sentiments.

13. — Le trajet du château à la station était assez long, et Robert ne put s'empêcher de faire de nouveau l'éloge de M. Dartigues et de Charles, avec tout l'enthousiasme et la vivacité de son bon cœur.

14. — Son oncle le félicita de se montrer aussi reconnaissant, et tout en causant du passé et en faisant des projets pour l'avenir, ils arrivèrent à la gare où, après avoir remercié le cocher de M. Dartigues, ils s'empressèrent de prendre des billets pour leur destination.

15. — Dans le compartiment de troisième classe où ils prirent place, ils se trouvèrent avec une famille qui paraissait fort triste et bien malheureuse.

16. — Un des fils, à peu près de l'âge de Robert, se trouvant assis près de lui, eut bientôt fait connaissance avec notre apprenti, dont la figure franche et bonne inspirait promptement la confiance.

17. — Ce pauvre enfant, dont l'accent annonçait un Alsacien, raconta à Robert que toute sa famille partait pour l'Algérie, ne voulant pas cesser d'être française, après tous les malheurs qui venaient d'accabler notre chère France.

18. — De son côté, Martin causant avec le père de famille, apprit qu'il avait été ruiné par la terrible guerre de 1870, et qu'en quelques heures, il avait vu l'Incendie dévorer sa maison, ses récoltes et anéantir toutes ses ressources.

19. — Robert, que sa conversation avec le jeune garçon avait fort ému, dit tout bas à son oncle qu'il serait bien heureux s'il lui permettait de partager l'argent de M. Dartigues avec cette famille si éprouvée.

20. — Sa sœur, ajouta-t-il, pourrait se passer d'un cadeau, tandis que ces chers Alsaciens ne pourraient point se passer de pain.

21. —L'oncle, charmé du bon cœur de son cher Robert, n'eut pas le courage de lui rappeler que sa position ne lui permettait pas de disposer d'une telle somme, et il lui laissa le soin d'offrir ce secours le plus délicatement possible.

22.— Après tout, pensa Martin, lorsque le ciel nous envoie du bonheur, nous devons en faire bénéficier les moins heureux que nous, et quoi de plus digne de pitié que la position de ces chers compatriotes.

23. — Sans la générosité de M. Dartigues, il nous eût été impossible de venir en aide à cette pauvre famille; nous devons donc remercier Dieu d'avoir daigné nous choisir comme instruments de sa bonté envers ces infortunés qu'il a placés, peut-être avec intention, sur notre chemin.

24. — Tout en faisant ces réflexions, que l'oncle se proposait de communiquer à son neveu, lorsqu'ils seraient seuls tous deux, on arriva à la station où nos voyageurs devaient s'arrêter, au grand regret des tristes compagnons de voyage, à qui les bonnes paroles de Martin avaient fait du bien.

25. — Robert profita du moment de la séparation pour glisser dans la main du jeune garçon la somme dont son oncle lui avait permis de disposer, en lui disant pour vaincre sa résistance : « Eh ! bien, ce n'est qu'un argent prêté, que vous me rendrez un jour, lorsque Dieu aura béni vos travaux en Algérie. »

26. — A cette condition, l'honnête père de famille avait accepté ce secours inespéré, en demandant l'adresse de Martin et de Robert, afin de pouvoir leur faire connaître le résultat de leur entreprise et leur donner des nouvelles de toute sa famille qui joignit ses remercîments aux siens.

27. — Au moment où le cri : « Voyageurs, en voiture ; » se fit entendre, l'oncle et le neveu se séparèrent des pauvres Alsaciens pour qui leur rencontre avait été la bénédiction de Celui qui ne nous afflige jamais au-delà de nos forces, quand nous plaçons en lui seul toute notre confiance.

28. — Avant de suivre Robert près de sa sœur, dit Mme Duval, il faut que je fasse remarquer à Louise qu'elle prend, sans doute par distraction, une mauvaise habitude, celle de plisser le front en écoutant.

29. — Elle se donne ainsi une physionomie soucieuse et maussade, qui pourrait faire supposer qu'elle n'est pas du tout de bonne humeur.

30. — Ou bien ses yeux, qui sont l'expression de l'âme, ainsi que je vous l'ai déjà dit, errent de droite à gauche comme ceux d'une personne ennuyée : ce qui n'est guère poli pour moi, puisque cela peut même me faire supposer que mon récit est dépourvu de tout intérêt.

31. — « Oh ! chère maman, s'écria Louise, ce serait alors tout le contraire de ce que je pense, car l'histoire de ce bon Robert me plaît beaucoup, et je vous promets d'être à l'avenir plus attentive à me souvenir de vos sages conseils. »

32. — Bien, chère fille, ce sera la meilleure preuve que tu m'auras écoutée avec toute l'attention dont ton âge est susceptible

QUESTIONS :

1. — Qu'est-ce que Robert raconta à son oncle pendant les quelques jours de repos qu'il passa chez le menuisier.

2. — Le patron de Robert approuva-t-il le projet de son oncle d'aller voir M. Dartigues et son fils ?

3. — Que firent Martin et l'apprenti ?

4. — Qu'avait fait Charles un matin plustôt que de coutume ?

5. — Que fit Robert dès qu'il aperçut Charles de loin ?

6. — Pourquoi Charles, malgré sa joie de revoir l'apprenti, eut-il du chagrin ?

7. — Près de qui Charles conduisit-il Martin et Robert ?

8. — Qu'est-ce que Robert apprit avec joie concernant le vieux marin ?

9. — Que firent l'oncle et le neveu avant de quitter le château ?

10. — Que fit M. Dartigues au moment où Robert allait monter dans la carriole ?

11. — Qui joignit ses instances à celles de M. Dartigues pour faire accepter à l'apprenti ce que sa délicatesse lui faisait refuser ?

12. — Que fit Robert après avoir reçu le billet de M. Dartigues ?

13. — Qu'est-ce que l'apprenti ne cessa de faire pendant le trajet du château à la station ?

14. — De quoi son oncle le félicita-t-il ?

15. — Avec qui se trouvèrent nos voyageurs dans le chemin de fer ?

16. — Qui fit bientôt connaissance avec Robert ?

17.—Que raconta le pauvre enfant à Robert?

18. — De son côté, qu'apprit Martin en causant avec le père de famille ?

19. — Qu'est-ce que Robert dit tout bas à sono ncle après sa conversation avec le jeune Alsacien ?

20. — Qu'ajouta-t-il au sujet de sa sœur ?

21. — Que fit l'oncle, charmé du bon cœur de Robert ?

22. — Quelle réflexion fit Martin au sujet du bonheur que le ciel envoie ici-bas ?

23. — De quoi pensa-t-il qu'il devait remercier Dieu ?

24. — Où arriva Martin tout en faisant des réflexions qu'il devait communiquer à Robert lorsqu'il serait seul avec lui ?

25. — De quel moment Robert profita-t-il pour glisser dans la main du jeune garçon la somme dont son oncle lui avait permis de disposer ?

26. — Qu'avait fait l'honnête père en acceptant le secours inespéré de Robert ?

27. — A quel moment Martin et l'apprenti se séparèrent-ils des voyageurs ?

28. — Que dit Mme Duval à Louise ?

29. — En plissant son front, quelle physionomie Louise se donnait-elle ?

30. — Est-il poli lorsqu'on écoute quelqu'un de laisser errer les yeux de droite à gauche ?

31. — Que répondit Louise à sa mère ?

32. — Quelle réflexion fit Mme Duval ?

---

§ XXIX.

Robert revoit sa sœur.

1. — En arrivant dans la petite ville où demeurait la sœur de Robert, poursuivit Mme Duval, il était trop tard pour se présenter à l'orphelinat, et au grand regret de notre apprenti,

il fallut remettre la visite si désirée au lendemain.

2. — Comme on le devine facilement la soirée se passa à causer de la rencontre faite en chemin de fer, et Martin ne manqua pas de communiquer à Robert les réflexions qu'il avait faites au moment où celui-ci avait eu la bonne pensée de partager ce qu'il devait à la générosité du père de Charles avec les pauvres et chers compatriotes d'Alsace.

3. — L'auberge dans laquelle étaient descendus nos voyageurs se trouvait encombrée de monde, parce que le lendemain, jeudi, étant jour de marché, tous les habitants des campagnes voisines s'étaient donné rendez-vous dans la ville.

4. — Ce ne fut que fort tard que Martin et Robert purent se reposer, et cependant, dès le matin à six heures, l'apprenti était prêt à partir pour se rendre près de sa sœur.

5. — Son oncle eut beaucoup de peine à contenir sa légitime impatience et à lui faire comprendre qu'il ne serait pas convenable de se présenter à une telle heure, qui n'était pas du tout celle des visites.

6. — Force lui fut de se résigner encore, non sans avouer en soupirant que jamais les heures ne lui avaient paru plus longues.

7. — Enfin, l'oncle donna le signal du départ, et bientôt Robert et lui sonnaient à la porte du couvent où se trouvait Marguerite.

8. — Comme le cœur de Robert battait

fort ! Il allait donc revoir enfin cette chère petite sœur, dont il était séparé depuis la mort de leurs parents ! Avec quelle joie il l'attendait au parloir.

9. — Des pas se firent entendre dans le vestibule, bien sûr c'est Marguerite se dit Robert en lui-même, et il se rapprocha de la porte d'entrée pour la voir plus tôt.

10. — Pas du tout, c'était la sœur converse qui venait prévenir que la supérieure allait se rendre dans un instant au parloir avec la jeune fille.

11. — « Que c'est long, s'écria Robert en s'adressant à son oncle, il me semble que les minutes sont des heures. »

12. — Comme Martin allait l'engager à s'exercer à la patience, la porte s'ouvrit et Marguerite sauta au cou de Robert en versant des larmes de joie.

13. — « Que tu es grande, disait le frère à sa sœur, et que je suis heureux de te revoir !

14. — » Et toi, répondit Marguerite, je ne t'aurais jamais reconnu si tu n'étais pas venu avec notre bon oncle. Oh ! j'ai bien souvent pensé à toi, mon cher Robert !

15. — » Et moi donc, répondit l'apprenti, que de fois j'ai témoigné à mon patron le désir de te revoir !

16. — » A présent que nous avons retrouvé notre oncle, nous ne serons plus aussi longtemps sans nous retrouver ensemble, n'est-ce pas ? disait Marguerite à son frère ?

17. — » Je l'espère bien ainsi, répondit Robert, » et il écoutait avec bonheur tout ce que sa sœur lui racontait de sa petite existence, dont l'uniformité avait marqué presque tous les jours.

18. — En effet, dans un orphelinat, le temps est partagé entre les exercices de piété, le travail à l'aiguille qui occupe la plus grande partie de la journée, et deux heures de leçons de lecture, d'écriture, de grammaire et de calcul chaque matin.

19. — Pendant que Robert et Marguerite causaient avec la vivacité ordinaire à leur âge, en parlant souvent tous les deux à la fois, la mère Ursule, supérieure, faisait à Martin l'éloge de sa nièce, pour laquelle, assurait-elle, toutes les sœurs avaient une véritable affection.

20. — Marguerite devait rester jusqu'à vingt et un ans à l'orphelinat, suivant le désir du bon curé qui l'y avait amenée, et à cette époque, être placée dans une bonne maison comme lingère ou rendue à sa famille si elle en retrouvait une.

21. — Il fut convenu avec la bonne supérieure, que la chère Marguerite ne quitterait pas sa douce retraite jusqu'à cette époque, et que d'ici là, selon la position de son oncle et de son frère, on déciderait de son sort.

22. — Martin raconta à la supérieure, pendant que le frère et la sœur causaient de leur côté, ce que Robert avait fait à l'égard

des pauvres voyageurs qu'ils avaient rencontrés dans le wagon.

23. — La bonne mère Ursule en fut fort attendrie et assura à l'oncle que le frère avait bien jugé sa sœur en pensant qu'elle préférerait cette bonne action à un cadeau.

24. — Néanmoins, sur ce qui restait de l'argent donné par M. Dartigues, Robert avait pu conserver une petite somme après avoir payé les frais de son voyage, et il la laissa à Marguerite, avec la permission de l'oncle Martin.

25. — L'heure avait passé trop vite au gré des désirs du frère et de la sœur; il leur sem-

blait qu'ils avaient encore beaucoup de choses à se dire, mais la cloche du dîner rappelait Marguerite au réfectoire, et elle se sépara avec peine de son cher Robert et de son excellent oncle.

26. — Avant de continuer, chers enfants, reprit Mme Duval, il faut encore que je vous reproche de parler tous à la fois lorsqu'on s'adresse seulement à l'un des trois et que pas un de vous n'a la patience d'écouter l'autre; ce qui est manquer à toutes les règles de la plus simple politesse.

27. — Les personnes qui, dans leur enfance, ont contracté ce défaut, parce qu'elles n'ont pas su écouter les conseils de leurs parents, ne s'aperçoivent pas combien elles sont fatigantes pour les autres.

28. — Rappelez-vous donc, mes chers enfants, que c'est un grand talent de savoir écouter, et prenez la ferme résolution de vous taire à propos, en laissant à la personne qui vous parle le temps nécessaire pour s'expliquer.

29. — « Mais, chère mère, se permit d'ajouter Gaston, il y a des personnes qui parlent si lentement que la patience manque pour les écouter comme, par exemple, Mme L***, que vous appelez votre sainte amie, j'ai toujours envie de finir ses phrases lorsqu'elle cause avec nous en vous attendant.

30. — Heureusement, mon cher fils, que tu ne contentes pas ton envie, car ce serait de plus qu'une impolitesse, un manque de

respect pour l'âge de cette excellente amie qui, j'en conviens, exerce un peu la patience de ceux qui l'écoutent, par sa parole lente et souvent embarrassée.

31. — La facilité de s'exprimer est un don du ciel, et il faut plaindre ceux qui ne le possèdent pas, au lieu de manquer de patience pour les écouter.

32. — « Ah ! chère maman, s'écria Louise, que de défauts à corriger, y parviendrons-nous jamais ? »

33. — Oui, chers enfants, en vous observant beaucoup, et une fois de bonnes habitudes contractées à votre âge, elles prennent racine et c'est pour la vie.

34. — Oh ! tant mieux alors ; ceci va nous encourager à faire de nouveaux efforts pour nous rappeler vos bonnes leçons et les mettre en pratique.

QUESTIONS :

1. — En arrivant dans la ville où demeurait sa sœur, Robert put-il se rendre tout de suite près d'elle ?

2. — Comment se passa la soirée de Robert et de son oncle ?

3. — Pourquoi l'auberge où étaient descendus nos voyageurs se trouvait-elle encombrée ?

4. — A quelle heure l'apprenti était-il prêt le lendemain matin et pourquoi ?

5. — Qu'est-ce que l'oncle de Robert eut beaucoup de peine à lui faire comprendre ?

6. — Que dit l'apprenti en soupirant ?

7. — Qui donna le signal du départ et où les voyageurs allèrent-ils sonner !

8. — Pourquoi le cœur de Robert battait-il bien fort ?

9. — Qu'entendit-il dans le vestibule et que pensa-t-il ?

10. — Que venait annoncer la sœur converse ?

11. — Que dit Robert en s'adressant à son oncle ?

12. — Qu'arriva-t-il au moment où Martin allait exhorter Robert à la patience ?

13. — Que disait le frère à sa sœur ?

14. — Que répondit Marguerite ?

15. — De quoi Robert assurait-il sa sœur ?

16. — Quelle question Marguerite faisait-elle à son frère ?

17. — Qu'est-ce que Robert écoutait avec bonheur ?

18. — Comment est partagé le temps dans un orphelinat ?

19. — Pendant que Robert et Marguerite causaient en parlant tous les deux à la fois, que faisait la supérieure ?

20. — Jusqu'à quel âge Marguerite devait-elle rester à l'orphelinat, et que devait-elle faire à cette époque ?

21. — Qu'est-ce qui fut convenu avec la bonne supérieure au sujet de Marguerite ?

22. — Qu'est-ce que Martin raconta à la supérieure pendant que le frère et la sœur causaient ensemble ?

23. — De quoi la bonne mère Ursule assura-t-elle l'oncle de Marguerite ?

24. — Qu'est-ce que Robert laissa à Marguerite avec la permission de Martin ?

25. — Qu'est-ce qui se fit entendre et rappela Marguerite au réfectoire ?

26. — Que dit Mme Duval à ses enfants avant de continuer l'histoire ?

27. — De quoi ne s'aperçoivent pas les personnes qui ont le défaut de parler toutes ensemble ?

28. — Quel conseil Mme Duval donna-t-elle à ses enfants ?

29. — Quelle réflexion se permit Gaston ?

30. — Que lui répondit sa mère ?

31. — Qu'est-ce qui est un don du ciel et qui faut-il plaindre ?

32. — Quelle exclamation fit Louise ?

33. — Que lui expliqua sa mère ?

34. — Que conclut Louise des conseils de Mme Duval ?

§ XXX.

Rencontre d'un camarade du père de Robert.

1. — Robert aurait bien voulu pouvoir rester plusieurs jours près de sa sœur, mais son oncle lui rappela la promesse qu'il avait faite à son patron, et la raison dut l'emporter sur le cœur.

2. — Martin chercha à le distraire en lui parlant de Charles, qu'il allait revoir, et du plaisir qu'il aurait à prendre ses leçons et à s'instruire, afin de devenir un jour un ouvrier aussi capable qu'adroit.

3. — Par une cause qu'on ne connaissait pas, le train que nos voyageurs devait prendre était en retard, et par suite du marché qui avait eu lieu, la gare se trouvait trop petite pour contenir la foule qui s'y pressait.

4. — Tout en écoutant son oncle, Robert vit dans la salle d'attente un homme d'un certain âge, qui ne le quittait pas des yeux.

5. — Il le fit remarquer à Martin qui, ne connaissant pas ce voyageur, engagea l'apprenti à ne plus s'en occuper.

6. — Cependant, l'individu s'était rapproché d'eux, et finit par s'adresser à Martin pour connaître son nom et celui de Robert.

7. — En apprenant qu'ils se nommaient Bourdet, et qu'ils étaient oncle et neveu, il parut réfléchir et dit à Martin :

8. — « Seriez-vous donc le frère de mon ami Bourdet, qui est mort si malheureusement dans une fatale circonstance, et ce jeune garçon serait-il son fils ?

9. — Précisément, répondit Martin, et nous sommes heureux que le retard du train nous ait permis de faire une aussi bonne rencontre.

10. — » Cet ami, qui se nommait Néroux, dit à Martin qu'il l'avait reconnu à sa ressemblance avec son frère et qu'il n'avait pu résister au désir de savoir s'il ne se trompait pas.

11. — Il s'informa de la femme de son camarade et apprit sa mort avec peine ; sans en être trop surpris, car il savait que la pauvre Madeleine avait eu bien du chagrin de la perte de son mari.

12. — Lorsque Néroux apprit que la sœur de Robert était à l'orphelinat de la petite ville, où il venait quelquefois voir un de ses parents, il promit d'aller lui dire bonjour et Martin le remercia d'avance de cette bonne intention.

13. — Le train arriva enfin et Néroux ne voulut pas se séparer de l'oncle et du neveu, avec qui il était si content de parler d'un camarade qui lui avait rendu plus d'un service dans des moments difficiles.

14. — Aussi, ajouta-t-il, si je puis être de quelque utilité à ses enfants, j'en serai bien heureux.

15. — Lorsque Martin lui dit que Robert était apprenti menuisier, chez un brave pa-

tron nommé Legrand, Néroux fut doublement heureux, parce que lui aussi était maître menuisier et habitait Paris.

16. — Il offrit donc avec empressement à Robert de le recevoir chez lui lorsqu'il aurait fini son apprentissage, et comme il n'avait point d'enfant, il ajouta qu'il serait heureux de considérer le fils de son bon et regretté camarade comme le sien.

17. — En disant ces paroles, il tendit la main au jeune apprenti, tout ému de cette offre faite avec tant de cœur.

18. — Le moment de se séparer de Néroux approchait, car Martin et Robert devaient descendre à la première station pour prendre la diligence, qui traversait le village de L***, où demeurait M. Legrand.

19. — Robert rappela à son oncle qu'il avait promis à M. Dartignes de s'arrêter au retour pour raconter son voyage à Charles.

20. — C'est vrai, répondit Martin, mais la diligence ne passe pas près du château, il faudrait faire plusieurs kilomètres à pied, ce qui nous ferait arriver trop tard pour oser nous présenter ce soir.

21. — Il est donc plus raisonnable de nous rendre directement chez ton patron, et avant de te quitter je te conduirai encore une fois près de M. Charles, si rien ne s'y oppose, car, ajouta Martin, les choses n'arrivent pas toujours ici bas telles qu'on les désire, et le plus sage, en bon chrétien, est de se résigner cons-

tamment à la volonté de Celui qui sait mieux que nous ce qui doit assurer notre bonheur.

22. — Mon Dieu, mon oncle, on dirait que vous avez le pressentiment que je ne retournerai plus voir M. Charles, et vous m'effrayez avec vos réflexions ?

23. — Martin, au moment de répondre à Robert, s'aperçut que Néroux paraissait tout surpris d'une conversation qu'il ne pouvait pas comprendre, et en quelques mots, il le mit au courant des évènements qui avaient fait connaître l'excellent M. Dartigues et son fils à Robert.

24. — Tout cela me prouve, dit Néroux, que le fils de Bourdet doit être un bon garçon, sans cela ces messieurs ne lui témoigneraient pas tant d'intérêt.

25. — Et vous ne vous trompez pas, répondit Martin, pendant que Robert était occupé à regarder par la portière le beau pays que traversait le chemin de fer ; c'est un brave enfant qui sera tout le portrait de son pauvre père, dont il aura le courage et le cœur.

26. — L'arrivée à la station fit cesser l'entretien, et Néroux se sépara à regret de ses deux compagnons de voyage, en gardant, leur dit-il, l'espoir de les revoir bientôt.

27. — A propos, dit Mme Duval, qui s'interrompait, pourquoi donc en revenant hier par le chemin de fer, Gaston est-il sorti brusquement du wagon sans offrir la main ni à moi ni à sa sœur.

28. — C'est que, chère mère, j'avais aperçu un de mes amis de collége, et je désirais le rattrapper, parce qu'il était descendu avant moi et qu'il pouvait disparaître dans la foule si je n'avais pas été aussi leste.

29. — Ainsi, pour dire bonjour à un camarade, que tu vois très-souvent, tu as manqué de politesse au point de sortir du wagon sans saluer les dames qui voyageaient avec nous, et qui ont dû te juger bien mal élevé ?

30. — Ah ! bonne mère, je voudrais bien me retrouver encore avec les mêmes personnes, pour leur prouver par ma conduite que c'est seulement par vivacité et étourderie que j'ai oublié les plus simples convenances à leur égard et au vôtre.

31. — Ces dames m'ont paru des étrangères, et il est peu probable que nous les rencontrions une autre fois. Quelle opinion emporteront-elles dans leur pays de la politesse des jeunes écoliers français, si elles en jugent par la tienne.

32. — Que de regrets vous me donnez, chère mère, mais je vous promets que la première fois que nous irons encore voir notre cousine, ma conduite en chemin de fer sera celle que vous désirez, c'est-a-dire irréprochable.

QUESTIONS :

1. — Qu'est-ce que Robert aurait bien voulu faire, sans la promesse que lui rappela son oncle ?

2. — Comment Martin s'y prit-il pour distraire l'apprenti en quittant sa sœur ?

3. — Pourquoi les voyageurs furent-ils obligés d'attendre dans la gare ?

4. — Qui Robert remarqua-t-il tout en écoutant son oncle ?

5. — A qui fit-il remarquer ce curieux ?

6. — Que fit l'individu et à qui s'adressa-t-il ?

7. — Pourquoi parut-il réfléchir ?

8. — Quelle question fit-il à Martin ?

9. — Que lui répondit ce dernier ?

10. — Comment se nommait cet ami, et à quoi avait-il reconnu Martin Bourdet ?

11. — De qui s'informa-t-il ensuite ?

12. — Que promit Néroux lorsqu'il apprit que Marguerite était à l'orphelinat de la ville qu'il allait quitter ?

13. — De qui Néroux ne voulut-il pas se séparer dans le train ?

14. — Quel vœu exprima l'ami Néroux au sujet des enfants de son camarade Bourdet ?

15. — Pourquoi fut-il heureux lorsqu'il apprit que Robert était en apprentissage chez un menuisier ?

16. — Qu'offrit-il de faire pour le fils de son camarade si regretté ?

17. — A qui tendit-il la main ?

18. — Pourquoi Martin et Robert devaient-ils descendre à la première station ?

19. — Qu'est-ce que Robert rappela à son oncle ?

20. — Que lui répondit ce dernier ?

21. — Quelle promesse l'oncle fit-il à Robert et de quelle réflexion l'accompagna-t-il ?

22. — Pourquoi Robert dit-il à son oncle que ses réflexions l'effrayaient ?

23. — De quoi Martin s'aperçut-il en regardant Néroux et que lui expliqua-t-il ?

24. — Que lui répondit Néroux ?

25. — Que lui dit Martin pendant que Robert regardait le paysage ?

26. — Qu'est-ce qui fit cesser la conversation entre Martin et Néroux ?

27. — Quelle question fit Mme Duval en s'interrompant ?

28. — Que répondit Gaston ?

29. — Pourquoi Gaston était-il sorti du wagon sans même saluer les dames qui s'y trouvaient ?

30. — Quelle réflexion fit Gaston en s'adressant à Mme Duval ?

31. — Que lui répondit sa mère ?

32. — Quelle promesse lui fit Gaston ?

§ XXXI.

Charles Dartigues retourne au collége.

1. — Souvent dans la vie, mes enfants, dit Mme Duval, peu de jours suffisent pour apporter de grands changements dans les positions et nous imposer de pénibles sacrifices.

2. — Voici ce qui était arrivé pendant l'absence de Robert : M. Dartigues avait été obligé de partir pour une affaire importante dans le midi de la France, où il devait rester peut-être quelques mois.

3. — Ne pouvant pas surveiller les études de son fils, et ne voulant pas le laisser seul avec un précepteur, il s'était décidé à le remettre au collége, sa santé du reste ne lui causant plus d'inquiétudes.

4. — Charles avait été chargé d'apprendre cette décision si prompte à Robert, et c'est avec peine qu'il s'était acquitté de ce soin en lui écrivant.

5. — En arrivant chez son patron, voici donc la lettre que Robert y avait trouvée, et qui lui avait causé autant de surprise que de regrets :

« Cher Robert,

» Mon bon père, obligé de s'absenter pour longtemps, se décide à me remettre au collége ; ainsi me voilà obligé de renoncer au plaisir que je me promettais de te donner quelques leçons. Mon père me charge aussi de te dire qu'il faut savoir supporter patiemment les épreuves que le ciel nous envoie, et nous montrer des chrétiens résignés à la volonté de Dieu. Pour ma part, je dois t'avouer que je trouve ce conseil très-difficile à mettre en pratique.

» Au revoir donc, cher Robert, jusqu'aux vacances, si tu es encore chez M. Legrand, et crois à toute l'amitié que mon père et moi nous avons pour un aussi bon garçon que toi. »

CHARLES DARTIGUES.

7. — Cette lettre était accompagnée de plusieurs livres que Charles envoyait à Robert pour l'instruire en l'amusant. Quoique d'une instruction encore peu avancée, Robert lut la lettre de son ami Charles sans la moindre difficulté, parce que l'écriture en était parfaitement lisible ; condition qui se rencontre bien rarement, même chez les gens les plus instruits, qui se font un jeu, si ce n'est même un mérite, de négliger la forme de leur écriture et de faire usage d'une signature illisible ; ce qui donne de l'ennui aux personnes qui sont obligées de déchiffrer leurs lettres, et peut avoir de graves inconvénients lorsqu'il s'agit de signatures apposées dans des actes publics.

8. — Le jeune apprenti pensa comme Charles, que le conseil de M. Dartigues exigeait, pour être suivi, beaucoup plus de vertu qu'il n'en avait.

9. — Martin, au contraire, éprouva une sorte de satisfaction en voyant rompre forcé-

ment une intimité qui l'inquiétait pour l'avenir de Robert.

10. — Il craignait qu'en comparant son sort à celui de Charles Dartigues, son neveu ne regrettât un jour sa modeste position.

11. — Dès qu'il avait eu connaissance de ses invitations au château, il avait communiqué à l'honnête menuisier les craintes qu'il éprouvait à ce sujet, et M. Legrand, dont le jugement était très-droit, avait été de son avis.

12. — Dieu, dit-il à Robert, sait mieux que nous ce qui peut nous être nuisible dans l'avenir, et plus tard tu comprendras pourquoi ce qui te fait de la peine était pour ton bonheur.

13. — Robert aurait bien voulu écrire à Charles pour le remercier de ses livres, mais il n'était pas encore assez avancé pour le faire, et il alla prier M. Thibaut, l'instituteur, de vouloir bien s'en charger.

14. — Pendant le souper, il raconta au menuisier et à sa femme, comment il avait trouvé sa sœur, avec quelle joie il avait passé quelques heures auprès d'elle, et il fit l'éloge de la bonne supérieure qu'aimait beaucoup Marguerite.

15. — Il n'oublia pas de parler de la rencontre en chemin de fer du vieil ami de son pauvre père.

16. — La bonne Mme Legrand s'applaudit d'avoir été pour quelque chose dans ce voyage

qui avait rendu l'apprenti si heureux, car nous n'avons pas oublié qu'elle avait décidé le menuisier à se priver de Robert pendant plusieurs jours.

17. — L'apprenti se remit courageusement au travail dans le double but de plaire à son patron, et de bien profiter des derniers mois de son apprentissage.

18. — Martin retourna en se promenant chez le fermier Rousseau, et vit avec plaisir que les conseils du médecin avaient été suivis.

19. — La cour était débarrassée du fumier qui obstruait l'entrée de la porte de l'étable; le cloaque avait fait place à une sorte d'allée sablée, et la ferme offrait un tout autre aspect au visiteur.

20. — Il ne put s'empêcher de féliciter la fermière de ces heureux changements et de lui en faire valoir tous les avantages.

21. — Il apprit que Mme Denis avait été si bonne pour son petit Jacques, que c'était pour lui faire plaisir que ses fils avaient passé plusieurs jours à mettre autant d'ordre et de propreté dans la ferme.

22. — Martin demanda si cette bonne propriétaire avait déjà vu ces améliorations.

23. — Pas encore, répondit la mère Rousseau, elle n'est pas revenue de la ville où elle est allée passer quelques jours chez son frère; c'est une surprise que nous lui avons préparée.

24. — L'oncle de Robert ne put s'empê-

cher d'admirer les bons sentiments de ces braves fermiers, et pensa qu'on devait être très-heureux de pouvoir leur faire du bien, puisqu'ils savaient s'en montrer si reconnaissants.

25. — En retournant au village, il rencontra le père Guillaume qui venait d'être fort malade, et marchait avec peine en s'appuyant sur son bâton ; il lui offrit aussitôt son bras, ce que le bon vieillard accepta.

26. — Cette déférence du colporteur pour ce vieil ami du menuisier me rappelle qu'un de vous, mes enfants, m'a fait hier beaucoup de peine.

27. — Quel est celui qui, par sa légèreté, a oublié le respect qu'il doit aux cheveux blancs, en se moquant de la vieille Mathurine, si dévouée à votre tante qu'elle sert depuis bientôt trente ans.

28. — A cette question, Gustave rougit, et ses regrets furent la meilleure preuve que son cœur n'était pour rien dans sa faute, mais que son étourderie seule la lui avait fait commettre.

29. — Que vous ai-je dit souvent au sujet du respect qu'on doit aux vieillards, voyons Gaston, toi qui es l'aîné, rappelle-le à notre cher étourdi Gustave.

30. — Vous avez dit, chère maman, que dans des années, lorsque nous serons devenus à notre tour comme ces vieillards, nous mériterons que des enfants nous traitent avec

aussi peu de respect que nous en aurons eu nous-mêmes pour ceux dont l'exil allait finir.

31. — Très-bien, Gaston, et rappelle aussi à notre cher Gustave ce que je vous ai raconté dans mes entretiens sur l'éducation, au sujet de jeunes écoliers, encore si ignorants, qu'au sortir même de l'école ils avaient manqué de respect à une pauvre femme âgée, qui les avait priés de la laisser passer sur le trottoir.

32. — Et comme eux, ne vous exposez jamais à vous faire juger méchants, lorsque vous avez au contraire un bon cœur comme votre frère Gustave.

QUESTIONS :

1. — Qu'arrive-t-il souvent dans la vie?

2. — Qu'était-il arrivé pendant l'absence de Robert?

3. — A quoi s'était décidé M. Dartigues, ne voulant pas laisser son fils seul au château?

4. — Qui avait été chargé d'apprendre la décision de M. Dartigues à Robert ?

5. — Qu'avait trouvé l'apprenti en arrivant chez son patron ?

6.—Rappelez la lettre de Charles à Robert?

7. — De quoi cette lettre était-elle accompagnée, et que faut-il observer avec soin lorsqu'on écrit une lettre ?

8. — Que pensa le jeune apprenti ?

9. — Qu'est-ce que Martin éprouva?

10. — Que craignait-il pour son neveu ?

11. — Qu'avait-il communiqué au menuisier ?

12. — Qu'est-ce qui sait mieux que nous ce qui peut nous être utile ?

13. — A qui Robert aurait-il désiré écrire et pourquoi pria-t-il M. Thibaut de le faire pour lui ?

14. — Que raconta l'apprenti pendant le souper au menuisier et à sa femme ?

15. — De quoi n'oublia-t-il pas de parler ?

16. — Pourquoi la bonne Mme Legrand s'applaudit-elle d'avoir décidé son mari à se passer de Robert pendant plusieurs jours ?

17. — L'apprenti se remit-il courageusement au travail et dans quel but ?

18. — Où Martin retourna-t-il en se promenant ?

19. — De quoi était débarrassé la cour de la ferme ?

20. — Qu'est-ce que Martin ne put s'empêcher de dire à la fermière ?

21. — Qu'apprit-il au sujet de Mme Denis ?

22. — Que demanda-t-il à la mère Rousseau ?

23. — Que lui répondit-elle ?

24. — Qu'est-ce que l'oncle de Robert ne put-il s'empêcher d'admirer ?

25. — Qui Martin rencontra-t-il en retournant au village ?

26. — Que dit Mme Duval au sujet de la déférence du colporteur pour le père Guillaume?

27. — Quelle question fit-elle à ses enfants?

28. — Que répondit Gustave ?

29. — Que demanda Mme Duval à Gaston ?

30. — Quelle fut la réponse de Gaston ?

31. — Mme Duval l'approuva-t-elle, et que lui demanda-t-elle de rappeler à Gustave ?

32. — Quel conseil donna-t-elle à ses enfants ?

---

§ XXXII.

Robert au cours d'adultes.

1. — Avant de quitter Robert qu'il ne devait revoir qu'à la fin de son apprentissage, son oncle lui avait recommandé d'être assidu au cours d'adultes que faisait l'instituteur.

2. — M. Thibaut avait promis de seconder les efforts du jeune apprenti, dont il avait eu plus d'une fois déjà l'occasion de remarquer l'intelligence.

3. — En peu de mois, ses progrès avaient été si rapides que l'instituteur l'avait nommé son premier moniteur.

4. — Il s'acquittait de ses fonctions envers les élèves avec beaucoup de zèle et de patience, surtout pour les moins bien doués du

cours et les plus en retard comme enseignement.

5. — Une lecture qui lui plaisait beaucoup était celle des *Entretiens sur l'hygiène*, à l'usage des campagnes (1), que M. Thibaut se plaisait à faire comprendre aux élèves dans l'intérêt de leur santé et de celle de leurs parents.

6. — Cette science de conserver la santé est complètement inconnue, en général dans les campagnes, et il serait à désirer qu'on fît cesser cette ignorance dans l'intérêt des pauvres enfants qui sont enlevés à leurs parents faute de soins.

7. — C'est un grand talent de savoir mettre la science à la portée de tous, et l'instituteur le possédait avec le feu sacré, nécessaire à une mission toute de dévouement et d'abnégation, celle d'élever la jeunesse. Il recommandait surtout à ses élèves de ne jamais s'abandonner à la funeste habitude de fumer qui affaiblit l'intelligence, porte à la paresse, à l'ivrognerie et absorbe trop souvent des ressources enlevées à l'entretien de la famille.

8. — Robert était doué d'une fort bonne mémoire, et racontait souvent, comme leçons d'histoire de France au cours, avec la permission de M. Thibaut, les traits de courage, d'héroïsme, qui l'avaient le plus intéressé dans les livres donnés par Charles Dartigues.

9. — M. Thibaut complétait ces récits par des explications, dont le but était toujours

(1) Par le Dr Descieux.

de développer, dans le cœur de ses élèves, le premier amour après celui de Dieu, l'amour de la patrie qui en est la conséquence.

10. — Il leur prouvait que pendant les derniers malheurs de notre France bien-aimée, en 1870, ceux qui s'étaient montrés les plus ardents à la défendre et qui étaient morts pour elle, aimaient et servaient Celui à qui seul nous devons tout ce que nous sommes.

11. — Les lâches, disait-il, les cœurs indignes d'être Français, qui ont fui à l'étranger pour se dérober au devoir sacré de défendre la patrie, ceux-là ne croyaient à rien et n'étaient que de misérables paresseux que leur ignorance avait perdus.

12. — Car, ajoutait l'instituteur, ceux qui affectent de ne pas se montrer à l'église, qui se moquent même de ceux qui remplissent leur premier devoir ici-bas, celui de servir Dieu et d'observer ses commandements, n'agissent ainsi, le plus souvent, que par une complète ignorance de notre sainte religion.

13. — Demandons-leur, quand ils affectent de nous tourner en ridicule, ce qu'ils ont lu des livres saints, des Evangiles des pères de l'Eglise, ce qu'ils se rappellent même de leur catéchisme, et nous serons effrayés de l'*ânerie* de ces prétendus esprits forts.

14. — Fuyez leur dangereuse société, mes amis, comme vous fuiriez une source empoisonnée dont les émanations causeraient la mort.

15. — Jamais Dieu n'abandonne ici-bas les

familles qui respectent sa loi et l'observent. Les malheureux qui semblent éprouvés au-delà de leurs forces, et qui tombent dans des misères navrantes, ceux-là ne savent plus lever les yeux au ciel et se sont abaissés aussi bas qu'on peut descendre, jusqu'au niveau même des brutes.

16. — C'est ainsi que tout en apprenant à lire, à écrire, à compter et à mettre l'orthographe à ses élèves du cours d'adultes, M. Thibaut développait dans leurs cœurs, les grands et nobles sentiments qui font la force d'un peuple, et l'aident à se relever de ses épreuves et de ses malheurs.

17. — Robert retenait ces bonnes leçons

avec enthousiasme, et lorsqu'il rentrait le soir chez son patron il se plaisait à les lui communiquer ainsi qu'aux voisins qui se réunissaient le dimanche soir à la veillée.

18. — Tous écoutaient avec admiration le jeune apprenti, et les plus âgés disaient aux autres : « Dans notre jeunesse, nous n'avions point de cours d'adultes pour nous apprendre de si belles et si intéressantes choses ; et nos enfants sont bien plus heureux que nous, grâce à la sollicitude de notre gouvernement.

19. — C'est vrai, répondaient les plus jeunes, aussi la meilleure manière de nous en montrer reconnaissants, c'est de savoir en profiter par notre application et notre exactitude au cours.

20. — Bien pensé, mes amis, disait le vieux soldat ; si j'avais eu le bonheur d'aller au cours d'adultes avant d'être appelé sous les drapeaux, je ne serais pas resté simple soldat, et j'aurais pu rentrer dans mon village avec quelques galons sur le bras ou peut-être avec l'épaulette, qui sait ?

21. — Certainement, cher voisin, repondait Robert, car ce n'est pas le courage qui vous aurait manqué pour enflammer vos soldats et leur faire enlever les positions les plus difficiles.

22. — C'est ainsi que notre apprenti savait mettre en application les conseils de l'instituteur, et se montrer aimable et obligeant envers tous les amis de son patron.

23. — Chaque soir, en rentrant du cours, il trouvait aussi le moyen de rendre un service aux camarades, soit en reconduisant ceux qui demeuraient fort loin, comme les frères de Jacques Rousseau, soit en expliquant à d'autres ce qu'ils n'avaient pas assez bien compris à la leçon générale donnée à tous en même temps.

24. — Son bon caractère, son humeur toujours égale, l'avaient fait aimer dans tout le village, et les mères le citaient comme modèle à leurs enfants.

25. — Cependant, la fin de son apprentissage approchait, et ce n'était pas sans une vive peine que son patron prévoyait l'époque où son cher Robert le quitterait.

26. — La femme du menuisier surtout s'en affligeait beaucoup, mais comme son mari, elle comprenait que l'intérêt de Robert exigeait qu'il allât se perfectionner dans un atelier plus important que celui de M. Legrand.

27. — Ce qui distinguait aussi notre jeune apprenti, dit Mme Duval, avant de terminer son histoire, c'était le recueillement qu'il apportait à ses prières matin et soir.

28. — Lorsque l'instituteur faisait, pour la France, une magnifique prière chaque soir au cours d'adultes, on ne voyait pas les yeux de Robert aller de droite à gauche, mais sa tenue modeste et respectueuse prouvait à tous que l'apprenti comprenait qu'il avait le bonheur de s'adresser au souverain du ciel et de la terre.

29. — Quelle était donc cette belle prière chère maman, dit Louise, si nous la connaissions, nous pourrions la faire aussi chaque jour pour notre chère patrie.

30. — C'est une bonne pensée, ma fille, et je suis certaine que tes frères l'approuveront, en promettant de la faire avec toute l'attention que mérite un si noble devoir, celui de prier pour son cher pays.

31. — Prenez-donc une feuille de papier, ajouta Mme Duval, et écrivez sous ma dictée cette prière, extraite d'un livre d'église (1).

Prière pour la France.

32. — « Seigneur, donnez à la France vos
» lumières et l'intelligence de vos lois. Don-
» nez-lui l'esprit de votre justice. Que tous
» ceux qui partagent son gouvernement con-
» courent à maintenir la paix et le bonheur
» dans l'Etat. Qu'ils soient les protecteurs
» des malheureux, l'appui des familles, les
» ennemis du désordre et de la guerre civile.
» Qu'ils soient au peuple français ce que la
» rosée est aux campagnes arides et une pluie
» douce aux campagnes altérées. Que leur
» pouvoir soit un pouvoir de justice et de
» paix. Que la puissance dont ils sont investis
» soit respectée dans l'Etat et chez les peu-
» ples voisins. Que les étrangers viennent
» admirer le gouvernement de la France, et

(1) *Paroissien*, édité chez Pellion, à Dijon ; se trouve à Paris, chez Lhuillier, 10, rue Cassette.

*

» que tous les peuples de la terre apprennent » à son exemple, ce que la pratique de votre » loi sainte, ô mon Dieu ! donne de force et » de grandeur à une nation.

» Faites, Seigneur que, ralliés par votre » amour, nous venions tous déposer à vos » pieds et nos divisions et nos dissentiments, » afin que sous l'inspiration de la sainte » Eglise catholique, centre et foyer de la vé- » rité et de la charité, nous soyons à jamais » le peuple le plus chrétien et la nation la » plus digne de vos paternels regards.

» Exaucez, Seigneur, les vœux de vos en- » fants, aimez la France et qu'elle vous » aime ! »

QUESTIONS :

1. — Qu'est-ce que l'oncle de Robert lui avait recommandé avant de le quitter.

2. — Qu'avait promis M. Thibaut à Martin?

3. — Les progrès de l'apprenti furent-ils rapides, et que fit l'instituteur ?

4. — Comment Robert s'acquittait-il de ses fonctions de moniteur ?

5. — Quelle était la lecture qui lui plaisait beaucoup ?

6. — Quelle est la science qui est en général trop inconnue dans les campagnes ?

7. — Quel talent possédait l'instituteur?

8. — Qu'est-ce que Robert racontait comme

leçons d'histoire avec la permission de M. Thibaut?

9. — Que disait l'instituteur en complétant par des explications les récits de Robert?

10. — Que leur prouvait-il en parlant des derniers malheurs de la France?

11. — Comment traitait-il les lâches qui fuient à l'étranger au lieu de défendre leur patrie?

12. — Qu'est-ce qui fait agir ceux qui se moquent des personnes qui remplissent leurs devoirs religieux?

13. — Que faut-il demander à ceux qui tournent en ridicule les personnes qui ont des sentiments de piété?

14. — A quoi peut-on comparer la société des gens irréligieux?

15. — Qui Dieu n'abandonne-t-il jamais ici bas?

16. — Quels sentiments M. Thibaut développait-il dans le cœur des élèves au cours d'adultes et de quelle funeste habitude les engageait-il à s'abstenir?

17. — Qu'est-ce que retenait Robert et à qui se plaisait-il à communiquer les leçons de l'instituteur?

18. — Que disaient les plus âgés des voisins du menuisier aux plus jeunes?

19. — Que répondaient les plus jeunes?

20. — Quelle réflexion faisait le vieux soldat?

21. — Que lui répondait Robert?

22. — Comment l'apprenti mettait-il en application les conseils de l'instituteur?

23. — Que faisait-il aussi chaque soir?

24. — Qu'est-ce qui avait fait aimer Robert dans tout le village?

25. — Qui prévoyait avec peine l'époque du départ de l'apprenti?

26. — Que comprenait la femme du menuisier tout en s'affligeant de la fin de son apprentissage?

27. — Qu'est-ce qui distinguait aussi le jeune apprenti de ses camarades?

28. — Lorsque le soir l'instituteur faisait la prière pour la France au cours d'adultes, comment se tenait Robert?

29. — Quelle question Louise fit-elle à Mme Duval au sujet de la prière pour la France?

30. — Que lui répondit sa mère?

31. — Que demanda Mme Duval à ses enfants?

32. — Dites la prière pour la France.

CONCLUSION.

Robert, après avoir fini son apprentissage, fut conduit à Paris par son oncle, chez le menuisier Néroux, cet ami de son père, qu'il avait retrouvé à la gare.

Toutefois, il ne voulut pas quitter le village, où il avait trouvé un accueil si sympathique, sans aller faire ses adieux à toutes les personnes qui avaient eu des bontés pour lui, entre autres au vieux soldat Hubert, ainsi qu'au père Guillaume, et sans prendre congé de Monsieur le Maire dont l'intérêt avait été appelé sur lui, non seulement par sa bonne conduite et son aimable caractère, mais aussi par ses succès au Cours d'adultes. Cette dernière visite fut faite avec cette bonne tenue et cette politesse de manières dont Robert avait pu se faire une idée dans ses courtes relations avec le jeune Charles Dartigues et que les bons conseils de l'Instituteur avaient développées en lui ; c'est-à-dire qu'après avoir salué Monsieur le Maire, en s'inclinant respectueusement, il ne s'était assis que sur son invitation, en gardant son chapeau à la main.

Les remercîments qu'il adressa à l'excellent Maire furent chaleureux et, cependant, il les fit aussi brefs que possible pour ne pas être indiscret.

Lorsqu'il fut devenu un habile ouvrier il fit son tour de France, et, grâce aux bons principes qu'il avait reçus dans son enfance, il sut résister à tous les mauvais conseils des camarades qui n'avaient pas eu le bonheur d'être élevés aussi chrétiennement que lui. Robert sut donc se montrer ferme dans la pratique des devoirs religieux, dont tous les autres dépendent malgré les railleries de quelques prétendus esprits forts qu'il ne manqua pas de rencontrer sur sa route; par son énergie il eut même la satisfaction d'en ramener plusieurs dans la voie du devoir, par conséquent, dans celle du bonheur. M. Dartigues et son fils ne le perdirent pas de vue, et, de plus, l'aidèrent à s'établir à son compte, ce qui lui permit de vivre en famille avec sa sœur et son oncle.

Dieu bénit Robert dans ses travaux, comme il bénit toujours ici-bas ceux qui placent en lui seul leur confiance et leur espoir.

FIN.

2517. — Tours, Imprimerie DESLIS frères.

www.ingramcontent.com/pod-product-compliance
Ingram Content Group UK Ltd.
Pitfield, Milton Keynes, MK11 3LW, UK
UKHW021058230726
13926UKWH00004B/1919